T0209864

essentials

essentials liefern aktuelles Wissen in konzentrierter Form. Die Essenz dessen, worauf es als „State-of-the-Art" in der gegenwärtigen Fachdiskussion oder in der Praxis ankommt. *essentials* informieren schnell, unkompliziert und verständlich

- als Einführung in ein aktuelles Thema aus Ihrem Fachgebiet
- als Einstieg in ein für Sie noch unbekanntes Themenfeld
- als Einblick, um zum Thema mitreden zu können

Die Bücher in elektronischer und gedruckter Form bringen das Fachwissen von Springerautorinnen kompakt zur Darstellung. Sie sind besonders für die Nutzung als eBook auf Tablet-PCs, eBook-Readern und Smartphones geeignet. *essentials* sind Wissensbausteine aus den Wirtschafts-, Sozial- und Geisteswissenschaften, aus Technik und Naturwissenschaften sowie aus Medizin, Psychologie und Gesundheitsberufen. Von renommierten Autorinnen aller Springer-Verlagsmarken.

Romy Winter

Politische Kommunikation zur Klimakrise

Kommunikative Herausforderungen und Erfolgsfaktoren für Social Media

 Springer VS

Romy Winter
Hochschule für Medien, Kommunikation und
Wirtschaft (HMKW) | neues handeln AG
Köln, Deutschland

ISSN 2197-6708 ISSN 2197-6716 (electronic)
essentials
ISBN 978-3-658-40936-4 ISBN 978-3-658-40937-1 (eBook)
https://doi.org/10.1007/978-3-658-40937-1

Die Deutsche Nationalbibliothek verzeichnet diese Publikation in der Deutschen Nationalbibliografie; detaillierte bibliografische Daten sind im Internet über http://dnb.d-nb.de abrufbar.

Planung/Lektorat: Barbara Emig-Roller
Springer VS ist ein Imprint der eingetragenen Gesellschaft Springer Fachmedien Wiesbaden GmbH und ist ein Teil von Springer Nature.
Die Anschrift der Gesellschaft ist: Abraham-Lincoln-Str. 46, 65189 Wiesbaden, Germany

Was Sie in diesem *essential* finden können

- Eine theoretische Einführung in die politische Kommunikation und das System, in dem sie stattfindet.
- Eine Darstellung der Spezifika und Potenziale von Social Media als Instrument für die politische Kommunikation.
- Eine Einordnung der Klimakrise als Gegenstand politischer Kommunikation mit Blick auf inhaltliche Schwerpunkte und kommunikative Herausforderungen.
- Eine Analyse der zentralen Merkmale der Klimakommunikation der Spitzenkandidat*innen im Kontext der Bundestagswahl 2021.
- Erfolgsfaktoren und Handlungsempfehlungen für den kommunikativen Umgang mit der Klimakrise in Social Media.

Vorwort

Politische Kommunikation, Wahlkampfkommunikation, Social Media und Klimakommunikation – all das sind keine neuen Phänomene, sondern solche, die vielfach wissenschaftlich beleuchtet wurden. Ihre Relevanz ist unumstritten – ihr Zusammenspiel bisher jedoch noch nicht untersucht. Aus diesem Grund habe ich meine Abschlussarbeit im Masterstudiengang *Public Relations und Digitales Marketing* an der Hochschule für Medien, Kommunikation und Wirtschaft (HMKW) diesem Thema gewidmet: „Die Klimakrise als Gegenstand politischer Kommunikation – ein inhaltsanalytischer Vergleich der Social-Media-Kommunikation der Spitzenkandidat*innen vor und nach der Bundestagswahl 2021." Diese umfassende theoretische und empirische Auseinandersetzung mit den Besonderheiten der klimabezogenen Social-Media-Kommunikation von Politiker*innen bildet die Grundlage für dieses *essential*.

Meine Ergebnisse bereite ich in diesem Buch so auf, dass die Herausforderungen und Potenziale der klimabezogenen politischen Kommunikation in sozialen Online-Netzwerken deutlich und Handlungsempfehlungen für die praktische Umsetzung geboten werden. Politiker*innen und deren Berater*innen soll ein wissenschaftlich fundierter Leitfaden für den kommunikativen Umgang mit der Klimakrise an die Hand gegeben werden. Außerdem soll das Buch Studierende, Dozierende und Forschende der Kommunikations- und Politikwissenschaften zur weiterführenden Auseinandersetzung mit dem Thema anregen.

Ich wünsche allen Leser*innen viel Freude bei der Lektüre, neue Erkenntnisse und den Mut zu einer ehrlichen Klimakommunikation, die alle mitnimmt. Mein Dank gilt Prof. Dr. Nanette Aimée Besson – für die Freiheit, die sie mir bei der Umsetzung der Masterarbeit gegeben hat und für ihre Unterstützung über die Betreuung hinaus. Für's Bestärken in all meinem Vorhaben und für's Ermöglichen dieser Publikation. Für's Impulse-Setzen und Vorbild-Sein. Außerdem möchte ich mich bei Prof. Dr. Matthias Kurp bedanken. Für die Zweitbetreuung meiner Masterarbeit, für's Türen-Öffnen und Bühne-Geben. Vor allem aber auch für seine stets konstruktive Kritik, die in den letzten Jahren maßgeblich zu meiner Entwicklung beigetragen hat und von der auch dieses Buch sehr profitiert.

Köln   Romy Winter
19.01.2023

Inhaltsverzeichnis

Über die Autorin

 **Romy Winter** absolvierte an der HMKW in Köln den B.A. Journalismus & Unternehmenskommunikation sowie den M.A. PR & digitales Marketing. Seit September 2022 arbeitet sie als Kommunikationsberaterin mit den Themenschwerpunkten Gesundheits- sowie Bildungs- & Forschungspolitik in der Agentur neues handeln.

Einleitung 1

Die politische Kommunikation der Gegenwart ist geprägt durch die Klimakrise als omnipräsenter Themenkomplex sowie durch Social Media als an Bedeutung gewinnender Raum für politische Diskurse. Sowohl die klimapolitischen Inhalte als auch die neuen, interaktiven und schnelllebigen Kanäle stellen Politiker*innen in ihrer Kommunikation vor besondere Herausforderungen. Diese werden in dem Essential beleuchtet, um daraus Handlungsempfehlungen für die klimabezogene politische Kommunikation abzuleiten. Abb. 1.1 skizziert den Aufbau des Buches.

Wie verändern soziale Online-Netzwerke die Strukturen politischer Kommunikation? Welche Erfolgsfaktoren müssen Politiker*innen erfüllen, um die Potenziale der neuen Kanäle auszuschöpfen? Vor welche spezifischen Herausforderungen stellt die Klimakrise Kommunikator*innen? Sind klimapolitische Themen überhaupt „instagramable"? Diese und weitere Fragen werden beantwortet.

© Der/die Autor(en), exklusiv lizenziert an Springer Fachmedien Wiesbaden GmbH, ein Teil von Springer Nature 2023
R. Winter, *Politische Kommunikation zur Klimakrise*, essentials, https://doi.org/10.1007/978-3-658-40937-1_1

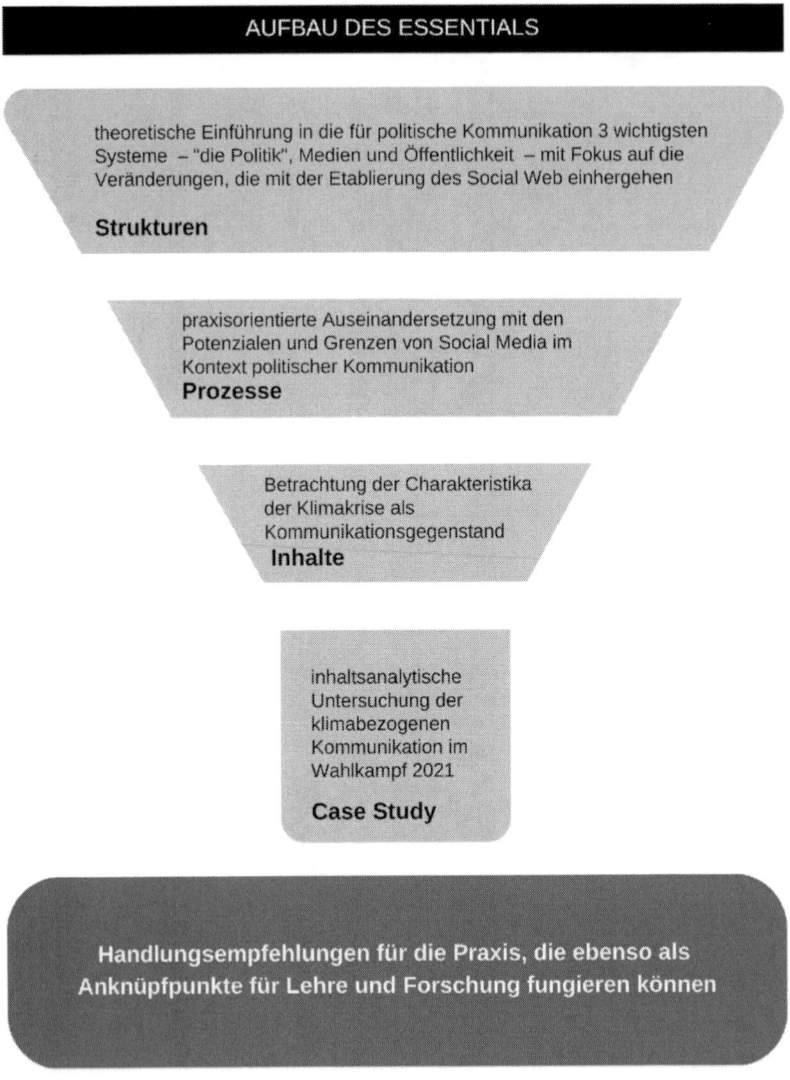

AUFBAU DES ESSENTIALS

theoretische Einführung in die für politische Kommunikation 3 wichtigsten Systeme – "die Politik", Medien und Öffentlichkeit – mit Fokus auf die Veränderungen, die mit der Etablierung des Social Web einhergehen

Strukturen

praxisorientierte Auseinandersetzung mit den Potenzialen und Grenzen von Social Media im Kontext politischer Kommunikation
Prozesse

Betrachtung der Charakteristika der Klimakrise als Kommunikationsgegenstand
Inhalte

inhaltsanalytische Untersuchung der klimabezogenen Kommunikation im Wahlkampf 2021

Case Study

Handlungsempfehlungen für die Praxis, die ebenso als Anknüpfpunkte für Lehre und Forschung fungieren können

Abb. 1.1 Aufbau des Essentials

Strukturen politischer Kommunikation im Social Web

▶ Im Zentrum des ersten Kapitels stehen die Strukturen, in denen politische Kommunikation in Deutschland stattfindet. Es wird ein Grundverständnis für die Systeme der Politik, der Medien und der Öffentlichkeit sowie der politischen Kommunikation als verbindendes Element geschaffen. Dabei wird stets nach den strukturellen Veränderungen, die mit der Etablierung des Social Web einhergehen, gefragt.

2.1 Politik und politische Kommunikation

Wenn es darum geht, zu beschreiben, was Politik umfasst, wird in der einschlägigen Literatur häufig auf den angelsächsischen Begriffstrias bestehend aus politics, polity und policy verwiesen. **Polity** bezeichnet die formale Dimension, also die institutionelle Form von Politik, **policy** den aufgabenorientierten Inhalt und **politics** die verfahrensmäßige Dimension, also den prozessualen Verlauf (vgl. Alemann, 1999, S. 4). An diesem Dreiklang wurde sich auch bei der Gliederung dieses Essentials orientiert – so wird sich zuerst mit dem System, dann mit den kommunikativen Prozessen und anschließend mit den Inhalten auseinandergesetzt.

Darüber hinaus ist für das Verständnis des Politikbegriffs auch dessen **normative Dimension** von Bedeutung. Vereinfacht heruntergebrochen geht es hierbei um **Konflikt, Konsens, Interesse und Macht** (vgl. Böhret, 1985, S. 5). Alemann (1999) ergänzt diese vier politischen Grundbegriffe um den der **Öffentlichkeit.** Dabei beruft er sich auf die bereits bei Aristoteles vorzufindende Begriffsdeutung von Politik: „Politikos" bezeichnete nämlich das Öffentliche – dem gegenüber stand „oikos", also das auf die privaten Haushalte bezogene. So entsteht folgender Vorschlag einer Definition von Politik: „Politik ist öffentlicher Konflikt

R. Winter, *Politische Kommunikation zur Klimakrise*, essentials, https://doi.org/10.1007/978-3-658-40937-1_2

von Interessen unter den Bedingungen von Machtgebrauch und Konsensbedarf"
(Alemann, 1999, S. 6).

Systemtheorie: Politik als Entscheider oder Vermittler?

Systemtheoretische Ansätze ermöglichen es, über die reine Begriffserklärung hinaus nach-
zuvollziehen, welche Strukturen Politik und damit auch politischer Kommunikation inne-
wohnen. Es gibt jedoch nicht „die Systemtheorie", sondern eine Vielzahl unterschiedlicher
Ansätze. Zu den bekanntesten gehören jene von Niklas Luhmann und die von seinem Lehrer,
Talcott Parsons.

Luhmann legt den Fokus in seiner funktional-strukturellen Systemtheorie auf die Funktionen von Systemstrukturen. Er sieht das politische System als ein **autonomes, selbstre-
ferenzielles und autopoietisches System,** das sich von anderen sozialen Systemen wie der
Wirtschaft, der Religion oder der Erziehung differenziert. Die Funktion, die das System Politik für die Gesellschaft erbringt, besteht nach Luhmann (2000, S. 84) in dem „Bereithalten
der Kapazität zu kollektiv bindendem Entscheiden." Er betont die Rolle von Eliten und Füh-
rungskräften bei der Gestaltung der politischen Ordnung und definiert das politische System
als ein System der Kontrolle und Steuerung der Gesellschaft. Der Kommunikation kommt in
seiner Theorie eine besondere Bedeutung zu – diese wird genutzt, um die Entscheidungen an
die Bevölkerung weiterzugeben (vgl. Luhmann, 2000, S. 84 f.).

Der systemtheoretische Ansatz von Talcott Parsons nimmt eine andere Sichtweise ein.
Bei ihm steht die normative Ausrichtung in und von Systemen im Vordergrund. Das bedeutet, dass Handlungen ohne normative Orientierungen nicht möglich sind. Parsons zentrale
Frage ist die nach den Bedingungen, die erfüllt sein müssen, damit soziale Ordnung gewährleistet wird. Er betont die Bedeutung von Normen und Werten für das politische System und
sieht die politischen Institutionen als Mittel, um innerhalb der Gesellschaft zu vermitteln
und Konflikte zu lösen. Die **demokratische Ausrichtung und Gemeinwohlorientierung**
sind essenzieller Bestandteil seines Politikverständnisses (vgl. Parsons, 1958, S. 197 ff.; Vgl.
Rommerskirchen, 2016, S. 193 f.). Dieser Ansatz bildet die normative Grundlage für dieses
Buch.

Die demokratische Ausrichtung des deutschen politischen Systems beinhaltet
unter anderem die Möglichkeit der Bürger*innen zur **Partizipation,** also zur
Teilhabe an politischen Prozessen. Unter politischer Partizipation werden „Tätigkeiten, die Bürger freiwillig mit dem Ziel unternehmen, Entscheidungen auf
den verschiedenen Ebenen des politischen Systems zu beeinflussen" verstanden
(Kaase, 1992, S. 682). In einem demokratischen System gibt es unterschiedliche Formen politischer Teilhabe wie beispielsweise die aktive und passive
Teilnahme an Wahlen, die Mitgliedschaft in Parteien, Bürgerdialoge, Petitionen
und Demonstrationen (vgl. Bätge et al., 2021, S. 4). Durch das Internet und
die zunehmende Digitalisierung bieten sich hier neue Möglichkeiten und es entsteht etwas, was in der Fachliteratur als E-Demokratie bezeichnet wird. Diese

ist dadurch geprägt, „dass neue Formen der Informationsaufbereitung, Kommunikation und Interaktion in Richtung einer transparenteren Demokratie genutzt werden können" (Friedrichsen, 2015, S. 13).

Voraussetzung für politische Partizipation ist – ob online oder offline – ein kommunikativer Austausch zwischen „der Politik" und den Bürger*innen. „Seit der Entstehung der Mediengesellschaft im 20. Jahrhundert wird Politik als kommunikativer Prozess verstanden" (Kneuer, 2017, S. 43). Die Artikulation politischer Interessen, die Bündelung programmatischer Inhalte sowie die politischen Entscheidungen, ihre Durchsetzung und Legitimierung – Politik besteht in großem Maße aus Kommunikation. In der Literatur wird in dem Kontext der von Ulrich Sarcinelli (2011) geprägte Begriff der **Politikvermittlung** vielfach als essenzieller Bestandteil von Politik angeführt.

▶ **Definition: Kommunikation** Allgemein wird Kommunikation als wechselseitig aufeinander bezogener Vermittlungsprozess verstanden, in dem sich Akteur*innen unter Verwendung von Zeichen beziehungsweise Symbolen und unter Rückgriff auf gemeinsame Bedeutungen über etwas verständigen. Nach diesem Verständnis ist Kommunikation eine Form sozialen Handelns beziehungsweise eine Interaktion, an der mindestens zwei Akteur*innen beteiligt sind (vgl. Donges & Jarren, 2017, S. 5).

Werden die Begriffsbestimmungen von Bentele (1998, S. 130), McNair (2011, S. 4), Graber und Smith (2004 S. 479), Donges und Jarren (2017, S. 8), Pfetsch et al. (2007, S. 71) und Henn et al. (2013, S. 383) zusammengeführt, so ergibt sich daraus die folgende Definition des Begriffs der politischen Kommunikation:

▶ **Definition: Politische Kommunikation** Politische Kommunikation wird verstanden als die medial vermittelte Kommunikation von politischen Akteur*innen. Sie erfolgt intentional und richtet sich an die Öffentlichkeit.

Donges und Jarren ordnen die politische Kommunikation systemtheoretisch ein, indem sie sie nicht nur als essenziellen Bestandteil des politischen Systems sowie seiner Interaktion mit anderen Systemen, sondern kann auch als eigenes System – nämlich als **Handlungssystem** – beschreiben. „Handlungssysteme sind soziale Strukturen, die sich durch Interaktion zwischen Akteuren herausbilden" (Donges & Jarren, 2017, S. 12). Die Akteur*innen beobachten sich wechselseitig und entwickeln ihre Kommunikationsstrategien immer mit Blick auf die Anderen. Für die politische Kommunikation bedeutet das, dass sie die beobachtbaren

Kommunikationsstrategien der Konkurrenz, die antizipierten Beurteilungen der Bürger*innen und die Logiken der Medien berücksichtigt. (Vgl. ebd., S. 180)

2.2 Auswirkungen des Medienwandels auf die politische Kommunikation

Eine Art von Medien, die in theoretischen Ansätzen zur politischen Kommunikation häufig im Vordergrund steht, sind die sogenannten **Massenmedien.** Bisher war die Massenkommunikation das zentrale Mittel für den Austausch zwischen Politik und Bürger*innen. Gerhard Maletzke definiert diese als „jene Form der Kommunikation, bei der Aussagen öffentlich, durch technische Verbreitungsmittel, indirekt und einseitig an ein disperses Publikum vermittelt werden" (Maletzke, 1963, S. 32). Im Fokus dieses Buches stehen jedoch nicht diese klassischen Medien als Kanal für die politische Kommunikation, sondern soziale Online-Netzwerke.

▶ **Definition: Social Media** Bei sozialen Online-Netzwerken, engl. Social Media, handelt es sich um digitale Plattformen, die es Nutzer*innen ermöglichen, eigene Profile anzulegen und Inhalte – in Form von Text, Bild, Video und Audio – zu gestalten und zu verbreiten. Die Interaktivität resultierend aus dem gegenseitigen Austausch von Informationen, Eindrücken, Meinungen und Erfahrungen stellt ein plattformübergreifendes Charakteristikum sozialer Online-Netzwerke dar (vgl. Scheffler, 2014, S. 13; vgl. Haller, 2021, S. 6).

Aufgrund der beschriebenen nicht-einseitigen Ausrichtung sowie durch die unter anderem von Algorithmen eingeschränkten Dispersität des Publikums, können **soziale Online-Netzwerke** nicht als klassische Massenmedien eingeordnet werden. Dennoch sind sie für die politische Kommunikation von Bedeutung.

Risiken der algorithmenbasierten Distribution politischer Kommunikation

„Ein Algorithmus ist eine definierte Handlungsvorschrift, die für jede mögliche Eingabe von Informationen eine Ausgabe generiert, die bestimmte Eigenschaften hat" (Zweig et al., 2017, S. 319). Die Funktion von Social-Media-Algorithmen besteht darin, aus einer großen Menge von Inhalten eine Auswahl zu treffen und diese nach bestimmten Kriterien zu sortieren. Grundsätzlich erfolgt diese Selektion mit dem Ziel, den Nutzer*innen die für sie relevantesten Inhalte anzuzeigen – die Betreiber*innen der Social-Media-Plattformen legen jedoch nicht transparent dar, wie diese Relevanz definiert wird (vgl. ebd.). Die algorithmenbasierte Distribution politischer Kommunikation birgt aufgrund der nicht gegebenen Neutralität dieser Empfehlungssysteme das Risiko einer bewussten oder unbewussten Manipulation öffentlicher Meinung. Dies begründet die immer lauter werdenden Forderungen nach einer sogenannten **Algorithmen-Ethik** (vgl. Filipović, 2013, S. 192).

In der **Mediensystemtheorie** bestehen unterschiedliche Ansätze, die die Möglichkeiten und Grenzen von politischen Akteur*innen bei der medial vermittelten Kommunikation aufzeigen. Diese werden in Abb. 2.1 zusammenfassend dargestellt.

Nun stammen die theoretischen Ansätze, anhand derer das deutsche Mediensystem beschrieben werden kann, größtenteils aus einer Zeit vor der Etablierung

Abb. 2.1 Das deutsche Mediensystem – eine Übersicht theoretischer Ansätze. (Quellen: In Anlehnung an Blum, 2014; Weischenberg, 1992; Siebert et al., 1956; Koschwitz, 1974; McQuail, 1983; Altschull, 1990; Hallin & Mancini, 2004)

digitaler Medien. Dennoch behalten sie ihre Relevanz, da die sogenannten „sozialen Medien" nicht in einem luftleeren Raum existieren. Aus der Analyse der in Abb. 2.1 dargestellten Ansätze gehen **zentrale Werte** hervor, die nicht nur klassische Medien, sondern auch die Rolle sozialer Online-Netzwerke in Deutschland prägen. Dazu gehören vor allem Freiheit, Demokratie und politische Unabhängigkeit.

Gleichzeitig ist auch das Verständnis der **normativen Funktionen von journalistischen Medien** von Bedeutung, um den Kontrast zu sozialen Online-Netzwerken zu verdeutlichen. Anders als Social-Media-Nutzer*innen verfolgen Journalist*innen nämlich einen öffentlichen Auftrag. Zu ihren politischen Funktionen zählen zum Beispiel die Herstellung von Öffentlichkeit, die Artikulation von Meinungen und die Anregung zur Partizipation (vgl. von Rimscha & Siegert, 2015, S. 37). Entsprechende normative Anforderungen werden an soziale Online-Netzwerke nicht gestellt. Neben dem Bewusstsein für die **Grenzen sozialer Online-Netzwerke** soll auch jenes für die **veränderte Rahmenbedingungen** für (politische) Kommunikation, die mit der Etablierung von Social-Media-Kanälen einhergehen, geschärft werden.

Quantitative und qualitative Auswirkungen des digitalen Medienwandels

- **Höhere Dynamik:** Die Anzahl der Akteur*innen, die an der öffentlichen Kommunikation beteiligt sind, steigt und die Zuordnung zu bestimmten Rollen innerhalb der Kommunikationsprozesse sind nicht länger exklusiv und statisch (vgl. Friemel & Neuberger, 2021, S. 81).
- **Rezipient*innen als „Prosumenten":** Ihre Rolle beschränkt sich bei der dialogischen, symmetrischen Kommunikation nicht auf die passive Rezeption von medialen Inhalten, sondern sie können kostenfrei und ohne großen Aufwand eigene Inhalte erstellen und publizieren (vgl. Haller, 2021, S. 7).
- **Neuer Kanal zur Wissensaneignung:** Social Media bietet den Bürger*innen nicht nur die Möglichkeit, sich interaktiv zu beteiligen und ihre politische Meinung kundzutun, sondern dient auch dem Erlangen von politikbezogenen Informationen (vgl. Friedrichsen, 2013, S. 13).
- **Höhere Quantität:** Anzahl an verbreiteten Mitteilungen jeder Art, Meinungsäußerungen und Bewertungen nimmt zu (vgl. Jarren, 2019, S. 353).

- **Gesteigerte Anforderungen an die Kommunikation:** Die politische Kommunikation in der digitalen Welt ist geprägt von Echtzeit, Ortlosigkeit, Synchronizität und Multimodalität. Politische Akteur*innen benötigen vermehrt Ressourcen, um diese zusätzlichen Kanäle in der von Rezipient*innen erwarteten Frequenz zu bespielen (vgl. Kneuer, 2017, S. 44).
- **Qualitätseinschränkungen:** Zum Beispiel „die aus dem Journalismus üblichen Normen, wie die Trennungsnorm betreffend Thema und Meinung, gelten dort nicht" (Jarren, 2019, S. 356).
- **Disintermediation:** Abb. 2.2 zeigt den veränderten Weg der politischen Botschaft zur Öffentlichkeit. Kommunikator*innen sind nicht länger von der journalistischen Filter-, Selektions-, Verbreitungs- und Bewertungsmacht abhängig (vgl. Siems & Pappen, 2018, S. 169).

Unter den Wissenschaftler*innen, die sich mit den Auswirkungen des Medienwandels auf die politische Kommunikation und eine mögliche Deinstitutionalisierung der bisher bekannten Formen der Politikvermittlung beschäftigt haben, gibt es unterschiedliche Positionen (vgl. Gibson et al., 2004). In diesem Buch wird Social Media verstanden als „ein Teil eines hybriden Mediensystems, in dem ‚alte' Medien, wie Fernsehen, Print und Radio, sowie ‚neue' internetbasierte Medien nebeneinander existieren" (Haller, 2021, S. 5). Unter anderem aufgrund der fehlenden normativen Anforderungen und Qualitätsstandards, kann Social Media unter der Berücksichtigung demokratischer Werte nicht als Ersatz für journalistische Medien angesehen werden.

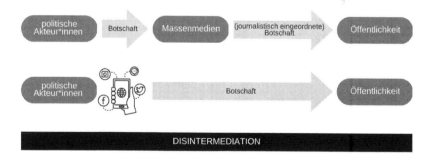

Abb. 2.2 Disintermediation politischer Kommunikation

2.3 Politische Öffentlichkeit in einer digitalisierten Gesellschaft

Aristoteles bezeichnet den Menschen als „zoon politicon", was übersetzt so viel bedeutet wie, „der Mensch als gemeinschaftliches Lebewesen oder kürzer: der Mensch als Gesellschaftstier" (Alemann, 1999, S. 2). Die Öffentlichkeit bildet den Raum für die politische Kommunikation, in dem er als solcher agiert und mit anderen interagiert (vgl. Donges & Jarren, 2017, S. 13).

Die Entstehung und Bedeutung des Öffentlichkeitsbegriffs

Der Öffentlichkeitsbegriff ist im deutschen Sprachraum im 18. Jahrhundert entstanden. Er ist auf die liberal-bürgerliche Bewegung dieser Zeit zurückzuführen, die eine Rede-, Meinungs-, Presse- und Versammlungsöffentlichkeit anstrebte und dieses Prinzip gegenüber dem absoluten Staat durchsetzte (vgl. Donges & Jarren, 2017, S. 75). Das entscheidende Kriterium für Öffentlichkeit ist die **allgemeine Zugänglichkeit:** „Unter Öffentlichkeit wird ein Kommunikationssystem verstanden, das prinzipiell für alle Mitglieder einer Gesellschaft offen und auf Laienorientierung festgelegt ist" (Gerhards & Neidhardt, 1990, S. 17). Der Zugang zur politischen Öffentlichkeit und ihren Kommunikationsformen ist somit nicht an Mitgliedschaftsbedingungen gebunden und bietet individuellen sowie kollektiven Akteur*innen die Möglichkeit, sich vor einem breiten Publikum zu politischen Themen zu äußern (vgl. Gerhards, 1998, S. 694). In der Literatur wird zur Umschreibung von Öffentlichkeit häufig die Metapher eines **Forums oder Netzwerks** genutzt. So definiert beispielsweise Jürgen Habermas die Öffentlichkeit als „ein Netzwerk für die Kommunikation von Inhalten und Stellungnahmen, also von Meinungen" (Habermas, 1992, S. 436). Aus der Filterung und dem Synthetisieren der öffentlichen Kommunikationsflüsse ergibt sich die **öffentliche Meinung.** Gerhards (1998, S. 694) betont, dass es sich hierbei nicht um „aggregierte Individualmeinungen der Bürger", sondern um „das Produkt der Kommunikationen in der Öffentlichkeit" handelt (ebd.).

„Die digitalen Kommunikationsformen machen ein grundsätzliches Umdenken bei der Modellierung öffentlicher Kommunikation notwendig" (Friemel & Neuberger, 2021, S. 89). Die Zeit, in der die öffentliche Kommunikation von traditionellen Massenmedien dominiert wurde und von stabilen und homogenen Verhältnissen geprägt war, ist vorbei. Die Öffentlichkeit im Zeitalter digitaler Kommunikation zeichnet sich durch „die Vielfalt möglicher Akteurskonstellationen, die Entgrenzung zwischen den Ebenen und Arenen, die Auflösungstendenzen bei bisherigen Rollen beziehungsweise der Bedeutungsgewinn von Hybridrollen sowie die nicht mehr linear ablaufenden Prozesse" aus (ebd., S. 89).

Wird im wissenschaftlichen Kontext über den Stellenwert der Öffentlichkeit des Internets debattiert, so bestehen sowohl enthusiastische als auch skeptische Positionen. Donges und Jarren (2017) fassen die Ergebnisse verschiedener

Studien, die sich mit der Qualität und Diskursivität innerhalb der Internetöffentlichkeit beschäftigt haben, zusammen. Dabei wird deutlich, dass die digitale und die traditionelle Medienöffentlichkeit ähnliche Strukturmuster aufweisen – demnach ist Erstere nicht demokratischer oder vielfältiger, wie es aufgrund der Beteiligungsmöglichkeiten einzelner hätte erwartet werden können. „In der Netzöffentlichkeit kommen angesichts des riesigen und unübersehbaren Angebots an Themen und Stellungnahmen die begrenzten Aufmerksamkeits- und Verarbeitungskapazitäten der Nutzer als inhärentes Problem hinzu" (ebd., S. 95). Zudem wird die Hierarchiefreiheit beziehungsweise die Gleichheit der Stimmen im Internet aufgrund der Steuerung durch Algorithmen infrage gestellt (vgl. Kneuer, 2017, S. 47 f.). Außerdem macht die Tatsache, dass die Interaktion im Internet auf „losen Bindungen, individuellen Identitäten und fluiden politischen Ideen beruht, es [...] schwierig [...], von Deliberation und Öffentlichkeit in ihrer ursprünglichen Bedeutung auszugehen" (ebd., S. 48).

Social Media als politischer Kommunikationskanal

3

> ▶ Im Rahmen der Betrachtung der Strukturen politischer Kommu-
> nikation in einem digitalisierten Mediensystem wurden nicht nur
> die potenziell demokratiefördernden Momente, sondern auch die
> Grenzen sozialer Online-Netzwerke deutlich. In dem entsprechenden
> Bewusstsein zielt dieses Kapitel nicht darauf ab, Social Media als den
> einzig wahren Kanal politischer Kommunikation im 21. Jahrhundert
> darzustellen. Vielmehr geht es darum aufzuzeigen, wie die interak-
> tiven Plattformen als sinnvolle Ergänzung des restlichen Kommuni-
> kationsmixes genutzt und zur Vermittlung klimapolitischer Inhalte
> eingesetzt werden können.

3.1 Formen und Ziele politischer Kommunikation

Wird in diesem Buch der Begriff „politische Kommunikation" verwendet, ist
damit in erster Linie politische PR gemeint. Andere Formen wie beispielsweise
politische Werbung, Public Affairs, Lobbying und Public Diplomacy werden
außenvor gelassen, weil sie für die Betrachtung der organischen Social-Media-
Kommunikation von politischen Akteur*innen zur Vermittlung klimapolitischer
Inhalte im Kontext der Bundestagswahl nicht von Bedeutung sind.

▶ **Definition: Politische PR** Gabriele M. Pauli-Balleis (1987, S. 25) definiert
politische PR als „Strategie zur Präsentation der Parteienprogramme, -themen
und Politiker gegenüber der Umwelt-Systeme der Partei [...] mit der Absicht,
Einstellung und Verhalten dieser Umweltsysteme im Sinne des Parteiziels der
Gewinnung politischer Unterstützung durch Einstellungsintensivierung oder -
veränderung zu beeinflussen." Günther Bentele (1998, S. 127) fügt dem hinzu,

dass der Tätigkeitsbereich politischer PR nicht nur die Strategie, sondern ebenso die Analyse, die instrumentelle Umsetzung und die Erfolgskontrolle umfasst. Außerdem betont er, dass die politische PR nicht ausschließlich auf die Persuasion abzielt, sondern ihr auch eine gesamtgesellschaftliche Funktion zugemessen werden kann.

Die Kommunikation zwischen politischen Akteur*innen und den Bürger*innen findet vereinfacht auf drei Wegen statt: Im direkten Kontakt mit den Bürger*innen durch mobilisierte Parteiorganisationen auf Veranstaltungen oder an Informationsständen, über bezahlte Kanäle mit Instrumenten wie Inseraten, Plakaten, Werbespots oder Ähnlichem und über sogenannte Free Media. Unter Letzterem wird in der Literatur klassischerweise die Integration von PR-Maßnahmen in die Berichterstattung der Massenmedien verstanden, was auch als Earned Media bezeichnet werden kann. In Zeiten der Online-Kommunikation kommt Owned Media – also eigene Kanäle – ebenfalls eine bedeutende Rolle zu. Hierzu zählen auch soziale Online-Netzwerke (vgl. Donges & Jarren, 2017, S. 180).

Kommunikationskampagnen von politischen Akteur*innen verfolgen grundsätzlich ähnliche Zielsetzungen, unabhängig davon, in welchem Kontext sie stattfinden:

- Das übergeordnete Ziel besteht darin, **Aufmerksamkeit** zu erzeugen und so eine breite Öffentlichkeit über die eigenen Positionen zu informieren.
- Neben dem Erlangen öffentlicher Aufmerksamkeit verfolgen politische Akteur*innen mit ihrer Kommunikation das strategische Ziel der **Steigerung der Glaubwürdigkeit** und der **Verbesserung der Reputation.**
- Darüber hinaus streben politische Akteur*innen im Rahmen von Kampagnen nach der **Mobilisierung und Aktivierung** eigener Mitglieder sowie der **Rekrutierung** von neuen Unterstützer*innen.
- Ein Kampagnenziel, was in Wahlkampfzeiten besonders hervorsticht, besteht in der **Erzeugung einer gewünschten Anschlusshandlung** seitens der Rezipient*innen – beispielsweise die Teilnahme an der Wahl sowie die Wahl der eigenen Partei (vgl. Donges & Jarren, 2017, S. 173).
- Je nachdem welches normative Selbstverständnis „der Politik" zugrunde liegt, kann auch die **Verständigung** im habermaschen Sinne als Ziel politischer Kommunikation definiert werden. Diese wird verstanden als die erfolgreiche Übertragung der reinen Information und mündet im Idealfall in einem Einverständnis, also Konsens (vgl. Habermas, 1981, S. 127 f.).

Habermas' Theorie des kommunikativen Handelns

Verständigungsorientiertes Handeln bezeichnet Jürgen Habermas als kommunikatives Handeln. Dieses unterscheidet sich von anderen Formen, wie dem strategischen oder instrumentellen Handeln, durch seine Fokussierung auf die Aushandlung von Bedeutungen und Normen. Im Gegensatz zum strategischen Handeln, das auf die Durchsetzung eigener Interessen abzielt, geht es beim kommunikativen Handeln um die Suche nach gemeinsamen Lösungen und Konsens. Habermas betont, dass das kommunikative Handeln eine Voraussetzung für die Entwicklung einer demokratischen Gesellschaft ist, da es die Möglichkeit bietet, kollektive Entscheidungen auf der Basis gemeinsamer Werte und Normen zu treffen. Dies bezeichnet er als „deliberative Politik" (Habermas, 1992, S. 105; Vgl. Habermas, 2004, S. 122 ff.; Vgl. Rommerskirchen, 2016, S. 292 ff.).

3.2 Vorteile von Social Media in der politischen Kommunikation

Politische Akteur*innen können Social Media zur Erreichung der genannten kommunikativen Ziele einsetzen. Ein erster Vorteil bildet die **hohe potenzielle Reichweite**. Kein anderer Owned-Media-Kanal bietet Politiker*innen die Möglichkeit, mit derart geringem Aufwand derart viele Menschen zu erreichen. Hierauf spielen unter anderem sogenannte „virale Effekte" ein, die ein konstitutives Merkmal von Social-Media-Kommunikation bilden. „Darunter versteht man das Phänomen, wenn Online-Inhalte wegen der vernetzten Struktur von Social-Media-Usern massenhaft weitergeleitet oder auf den User-Profilen geteilt werden" (Haller, 2021, S. 8). Über die auf diese Weise generierte organische Reichweite hinaus kann das Publikum durch bezahlte Anzeigen und Micro Targeting gezielt vergrößert werden (vgl. Kneuer, 2017, S. 44).

Ein wichtiger damit verknüpfter Vorteil für Politiker*innen und Parteien wurde in vorausgegangenen Kapiteln bereits angedeutet und besteht darin, dass sie die Bürger*innen über diesen Kanal direkt erreichen können – „sie können die **journalistischen Gatekeeper umgehen** und damit auch die Filterung und Veränderung ihrer Botschaften durch die publizistischen Medien" (Schulz, 2011, S. 229).

Die hohe Reichweite in Kombination mit der Kontrolle über die veröffentlichten Inhalte mündet in einem dritten Vorteil: der Möglichkeit zum Agenda Setting. Soziale Online-Netzwerke können von politischen Akteur*innen genutzt werden, um Themen, die aus ihrer Sicht wichtig oder für ihre Kampagne vorteilhaft sind, auf der Medien- und Publikumsagenda zu platzieren, also **Agenda-Building** zu betreiben (vgl. Maurer, 2017, S. 69). Journalist*innen ziehen soziale Online-Netzwerke beziehungsweise dort veröffentlichte Aussagen von Politiker*innen immer häufiger als Quelle für ihre Berichterstattung heran. Diese Vorgehensweise wird als „Social Media Sourcing" bezeichnet und wird vor allem auf Twitter praktiziert (vgl. Brands et al., 2017)

Ein weiterer Vorteil, der aus der interaktiven Natur sozialer Online-Netzwerke hervorgeht, ist, dass die politischen Akteur*innen dort nicht nur Botschaften senden, sondern auch empfangen können. Die Plattformen ermöglichen ihnen einen engen **Austausch mit den Bezugsgruppen** ihrer Kommunikation (vgl. Kneuer, 2017, S. 44).

Jeder dieser Vorteile bringt auch Herausforderungen und Risiken mit sich. Die hohe Reichweite birgt ein erhöhtes Potenzial für Shitstorms oder sich schnell verbreitende Fake News. Die Unabhängigkeit von Journalist*innen bedeutet für politische Akteur*innen auch, dass sie zusätzlichen Aufwand in die Kommunikation stecken, weil sie ihre Botschaften redaktionell aufbereiten und in unterschiedliche für die Rezipient*innen attraktive Formate überführen müssen. Beim Agenda-Building konkurrieren politische Akteur*innen mit ihrer eigenen Konkurrenz sowie diversen anderen Social-Media-Nutzer*innen um die am Ende doch begrenzte Aufmerksamkeit der Rezipient*innen. Die Interaktivität bietet den politischen Akteur*innen nicht nur ein konstruktives Meinungsbild, sondern konfrontiert sie mit jeglicher Art von Kommentaren. Dabei wird von ihnen erwartet, auf diese einzugehen, in einen Austausch zu treten und sich nahbar zu zeigen. Ob die Vor- oder die Nachteile überwiegen, ist letztlich davon abhängig, wie Politiker*innen Social Media nutzen. Im Folgenden wird erörtert, welche Faktoren die Erfolgschancen maximieren und die Risiken minimieren.

3.3   Erfolgsfaktoren der Social-Media-Kommunikation von politischen Akteur*innen

Ein grundlegender Erfolgsfaktor besteht in einer **kanalspezifischen Aufbereitung** der Botschaften – wer Inhalte aus Pressemitteilungen, Wahlprogrammen oder Websiteartikeln eins zu eins spiegelt, schöpft das Potenzial von Social Media nicht in Gänze aus. Um die Inhalte entsprechend anzupassen, bedarf es eines Verständnisses sowohl der Logik der Plattformen als auch des Medienkonsumverhaltens der Nutzer*innen. Letzteres variiert je nach konkreter Bezugsgruppe. Grundsätzlich kann jedoch davon ausgegangen werden, dass die Rezipient*innen in diesen Kanälen an vergleichsweise **kurzen, verständlichen, informierenden und zugleich unterhaltenden Inhalten** interessiert sind. Offensichtliche Werbung sollte vermieden werden, da diese Reaktanz hervorruft. Die Inhalte und der **Mehrwert für die Rezipient*innen** sollte im Vordergrund stehen – die geringe

Aufmerksamkeitsspanne sowie das Risiko einer Informationsüberlastung, welche zu einer Ignorierung der Botschaften führt, im Hinterkopf behalten werden. Es sollte sich darum bemüht werden, einen **Dialog auf Augenhöhe** zu schaffen. Dies impliziert, dass Social Media stets als Kanal für eine Zweiwegkommunikation verstanden wird (vgl. Kreutzer, 2021, S. 188 f.).

Neben diesen allgemeinen Anforderungen an Social-Media-Kommunikation, gibt es weitere Erfolgsfaktoren, die mehr oder weniger stark gewichtet werden, je nachdem, welches Ziel die Kommunikator*innen in den Vordergrund stellen. Wird Erfolg an quantitativen Metriken gemessen und geht es in erster Linie um die Generierung von Aufmerksamkeit und Interaktionen, kann sich zum Beispiel an dem medienpsychologischen Ansatz der **memetischen Trigger** orientiert werden. „Dem zugrunde liegt die Annahme, dass bestimmte Meme sich besonders gut verbreiten" (Brugger, 2012, S. 41). Brugger (2012) hat anhand von Experteninterviews 10 Trigger herausgearbeitet, die für eine virale Verbreitung sorgen und damit die Erfolgschancen von Social-Media-Postings erhöhen. Diese werden in der Abb. 3.1 aufgelistet – sie können als eine Art „Nachrichtenfaktoren" für soziale Online-Netzwerke begriffen werden. Dem Einsatz memetischer Trigger sollte stets ein moralisches Hinterfragen und Abwägen von Nutzen und Risiken vorausgehen. Dem Ziel der Reichweiten- und Engagement-Generierung sollte besonders im politischen Kontext nicht immer die höchste Priorität zugeschrieben werden.

Geht es darum, mit der Social-Media-Kommunikation die Reputation und Glaubwürdigkeit zu steuern, so ist **Authentizität** ein zentraler Erfolgsfaktor. Die Beurteilung, ob jemand in sozialen Online-Netzwerken authentisch auftritt oder nicht, beruht stets auf „einem Bewertungsprozess, welcher eine Identitätsvorstellung von dem Bezugsobjekt voraussetzt" (Burmann et al., 2012, S. 136). Authentizität ist demnach keine objektiv feststellbare Eigenschaft, sondern von der Wahrnehmung durch die Rezipient*innen abhängig. Politiker*innen werden dann als authentisch wahrgenommen, wenn die Art, wie sie sich in sozialen Online-Netzwerken darstellen, mit ihrer Identität – beziehungsweise der Identitätsvorstellung, die bei den Rezipient*innen vorherrscht – übereinstimmt. Gleiches gilt für Parteien und andere politische Akteur*innen.

Weitere zur Erreichung dieses Ziels maßgeblichen Erfolgsfaktoren der Social-Media-Kommunikation sind die **Konsistenz** – d. h. die Widerspruchsfreiheit – sowie die **Kontinuität,** also der sinnvolle Zusammenhang der Kommunikationsbotschaften im Zeitverlauf. Auch die **Individualität** ist eine Determinante des Erfolgs in sozialen Online-Netzwerken – es geht also darum, sich von anderen Social-Media-Nutzer*innen beziehungsweise in diesem Fall von der politischen Konkurrenz abzugrenzen (vgl. ebd.: 137).

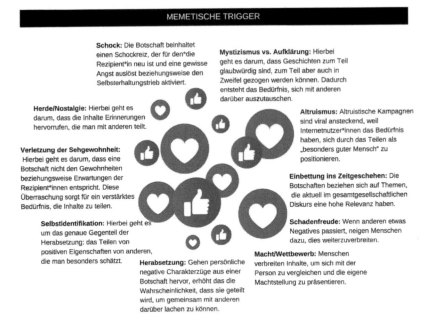

Abb. 3.1 Memetische Trigger Social Media. (Quelle: In Anlehnung an Brugger, 2012, S. 41)

Wird mit der Social-Media-Kommunikation das Ziel der Verständigung verfolgt – was bei politischen und gesamtgesellschaftlich relevanten Themen wie der Klimakrise von zentraler Bedeutung ist – sollten Habermas' Bedingungen der Verständigung erfüllt sein. Eine zentrale Voraussetzung ist demnach die Einhaltung der Geltungsansprüche:

- **Wahrheit:** Die Aussagen beziehen sich auf eine Wirklichkeit, deren Existenz von allen Kommunikationspartner*innen anerkannt wird.
- **Wahrhaftigkeit:** Kommunikator*innen bringen ihre ehrlichen Absichten zum Ausdruck.
- **Richtigkeit:** Es werden keine geltenden Werte und Normen verletzt.

Werden keine Einzelinteressen verfolgt, sondern geht es um die kollektive Suche nach Wahrheit und Gerechtigkeit, können Wahrheit, Wahrhaftigkeit und Richtigkeit somit als Erfolgsfaktoren für die Social-Media-Kommunikation bezeichnet werden – auch wenn es nicht die ersten sind, die üblicherweise von Marketingspezialist*innen aufgelistet werden (vgl. Habermas, 2004: 122 ff.; Vgl. Rommerskirchen, 2016: 292 ff.).

Die Klimakrise als Gegenstand politischer Kommunikation

4

▶ Welche Themenkomplexe umfasst die Klimakrise? Welche kommunikativen Herausforderungen bringt sie mit? Und an welchen Erfolgsfaktoren kann sich bei der Klimakommunikation orientiert werden? Diese Fragen werden in diesem letzten theoriebasierten Kapitel des Buches beantwortet.

Der Begriff Klima beschreibt das durchschnittliche Wetter – also das atmosphärische Geschehen mit Blick auf Oberflächenvariablen wie Temperatur, Niederschlag und Wind – über einen Zeitraum von mehreren Jahrzehnten (vgl. Solomon et al., 2007, S. 944; Vgl. Dombrowski & Reimer, 2018, S. 21). Das Klimasystem ist aus einer Vielzahl an Subsystemen zusammengesetzt. Sind diese in Ungleichgewicht, resultieren daraus Klimaänderungen. „Bleibt diese Veränderung irreversibel, so wird vom Klimawandel gesprochen" (ebd., S. 20). Dass dieser auf anthropogene Ursachen zurückzuführen ist, wird in der Definition im Rahmenübereinkommen der Vereinten Nationen über die Klimaänderungen (UNFCCC) deutlich.

▶ **Definition: Klimawandel** Der Begriff bezeichnet „Änderungen des Klimas, die unmittelbar oder mittelbar menschlichen Tätigkeiten zugeordnet sind, welche die Zusammensetzung der Erdatmosphäre verändern und die zu der, über vergleichbare Zeiträume, beobachteten natürlichen Klimavariabilität hinzukommen" (United Nations Framework Convention on Climate Change, 1992, S. 4).

Da nicht nur die meteorologischen, klimatologischen Aspekte, sondern auch alles, was gesellschaftlich, politisch und wirtschaftlich damit einhergeht, einbezogen werden soll, wurde sich beim Titel dieses Buches nicht für den Begriff des Klimawandels, sondern für den der Klimakrise entschieden.

© Der/die Autor(en), exklusiv lizenziert an Springer Fachmedien Wiesbaden GmbH, ein Teil von Springer Nature 2023
R. Winter, *Politische Kommunikation zur Klimakrise*, essentials,
https://doi.org/10.1007/978-3-658-40937-1_4

4.1 Relevante Themenkomplexe in der Klimakommunikation

Die Bewältigung der Klimakrise – das Politikfeld, das sich mit dieser zentralen Herausforderung des 21. Jahrhunderts auseinandersetzt, ist die Klimapolitik. Im Kern kann hierbei zwischen zwei Arten politischer Maßnahmen unterschieden werden:

- **Abschwächungsmaßnahmen** verfolgen das Ziel, zu verhindern, „dass sich die Temperatur auf der Erde in einem Maße erhöht, welches grundlegende Einschnitte in das Leben der Menschheit insgesamt erwarten lässt" (Haßler, 2017, S. 104).
- Bei den **Anpassungsmaßnahmen** geht es wiederum darum, dafür zu sorgen, dass gravierende Einschnitte in das Leben der Menschen durch den nicht mehr zu verhindernden Temperaturanstieg verhindert oder kompensiert werden.

▶ Definition: Klimapolitik Der Bereich Klimapolitik umfasst „die Gesamtheit aller Ziele und Maßnahmen zur Abschwächung des anthropogenen Klimawandels und zur Anpassung an dessen unvermeidliche Folgen" (ebd., S. 106). Klimapolitik agiert sektorübergreifend. Die Studie „klimaneutrales Deutschland" skizziert die Schritte zur Klimaneutralität bis 2050. Dabei werden Sektoren und Kernelemente hervorgehoben, die beim Klimaschutz eine entscheidende Rolle spielen. Daraus sowie aus einer Analyse der Wahlprogramme der im Bundestag vertretenen Parteien ergeben sich acht zentrale Themenkomplexe, bei denen davon ausgegangen werden kann, dass sie den inhaltlichen Kern der politischen Kommunikation zur Klimakrise bilden (vgl. Prognos et al., 2020, S. 19; Vgl. DIE LINKE, 2021; Vgl. Bündnis90/die Grünen, 2021; Vgl. SPD, 2021; Vgl. FDP, 2021; Vgl. CDU/CSU, 2021; Vgl. AfD, 2021).

1. Energiewende
Sie besteht aus zwei Komponenten: Dem Ausstieg aus den fossilen Energien und dem Ausbau der erneuerbaren Energien. Auch die Förderung von Wasserstoff sowie von synthetischen Kraftstoffen wird in dem Kontext diskutiert. Bis zum endgültigen Ausstieg aus der fossilen Energieerzeugung stellt sich die Frage nach der Einpreisung der daraus resultierenden Klimaschäden.

2. Ökologische Transformation der Industrie

Hierbei geht es um den Umstieg auf erneuerbare Energien, die Steigerung der Energieeffizienz in der Produktion, den Ausbau von Energiespeichertechnologien, die Reduktion des Energie- und Ressourcenverbrauchs durch digitale und datengetriebene Innovation sowie eine Optimierung der Abfallwirtschaft.

3. Mobilitätswende

In den Grundzügen besteht sie darin, alternative, nicht-fossile Antriebe zu fördern und den Individualverkehr zu reduzieren. Ein zentraler Aspekt ist dabei der Ausbau des ÖPNV, nachhaltige Lösungen für den Flugverkehr und die Schifffahrt sowie die klimaneutrale Gestaltung des Autoverkehrs.

4. Emissionsreduktion im Gebäudesektor

Ein maßgebliches Ziel im Gebäudesektor besteht in der Steigerung der Energieeffizienz und einer Reduktion der CO_2-Emissionen.

5. Ökologische Landwirtschaft

Um für eine ökologische Landwirtschaft, die wettbewerbsfähig ist und faire Arbeitsbedingungen gewährleistet, zu sorgen, kann auf einen ordnungs-, steuer-, förder- und preisrechtlichen Rahmen oder auf technologische Innovationen, die die Effizienz ökologischer Landwirtschaft erhöhen sollen, gesetzt werden.

6. Tierschutz

Hierbei geht es unter anderem um Artenschutz, eine artgerechte Tierhaltung in der Landwirtschaft und die Regulierung des Wildtierhandels zur Reduzierung des Risikos der Entstehung von Zoonosen.

7. Naturschutz

Dies betrifft Maßnahmen beispielsweise gegen das Waldsterben, zur Renaturierung von Flüssen und Mooren sowie zum Schutz der Meere. Hierzu sollen unter anderem Veränderungen im Bereich der Abfallwirtschaft sowie Optimierungen des Abwassers, verbesserte Kläranlagensysteme und strengere Regulierungen beispielsweise mit Blick auf Pestizide, Medikamentenentsorgung und Mikroplastik beitragen.

8. Einbettung in Finanz- und Sozialpolitik

„Gute Politik gestaltet den anstehenden Strukturwandel so, dass er inklusiv ist und alle mitnimmt" (Prognos et al., 2020: 14). Deshalb kann Klimapolitik nie losgelöst von Finanz- und Sozialpolitik betrachtet werden. Hierbei geht es grundsätzlich um die Frage, wie klimapolitische Maßnahmen bezahlt und für soziale Gerechtigkeit gesorgt werden soll. Diskutiert werden in dem Kontext die Einhaltung der Schuldenbremse, die Steuerpolitik, spezielle Ausgleichsmaßnahmen sowie sozialpolitische Hebel im Allgemeinen.

4.2 Kommunikative Herausforderungen und beobachtbare Tendenzen in der Klimakommunikation

„In einem Gartenteich wächst eine Lilie, die jeden Tag auf die doppelte Größe wächst. Innerhalb von dreißig Tagen kann die Lilie den ganzen Teich bedecken und alles andere Leben in dem Wasser ersticken. Aber ehe sie nicht mindestens die Hälfte der Wasseroberfläche einnimmt, erscheint ihr Wachstum nicht beängstigend; es gibt ja noch genügend Platz, und niemand denkt daran, sie zurückzuschneiden, auch nicht am 29. Tag; noch ist ja die Hälfte des Teiches frei. Aber schon am nächsten Tag ist kein Wasser mehr zu sehen" (Meadows et al., 1972, S. 19 f.).

Dieses Zitat aus dem Bericht des Club of Rome verdeutlicht eine erste Herausforderung, vor die die Klimakrise Kommunikator*innen stellt: Von der Notwendigkeit der Nachhaltigkeitstransformation zu überzeugen, bevor der Extremfall eingetreten ist. Die Gefahr, die mit der Klimakrise beziehungsweise dem Wirtschaftswachstum, das sie befeuert, einhergeht, ist für Menschen im globalen Norden nicht so direkt spürbar wie andere beispielsweise finanziellen, wirtschaftlichen oder gesundheitlichen Krisensituationen. Das erschwert die Klimakommunikation deutlich.

Eine weitere kommunikative Herausforderung stellt die Langfristigkeit der Klimakrise dar. Es handelt sich nicht um ein Phänomen, das plötzlich und temporär auftritt, sondern es ist omnipräsent und seine Folgen werden nur langsam sichtbar – damit passt es nicht in die Logik der Medien (vgl. Haßler, 2017, S. 114).

Beobachtbare Tendenzen in der politischen Kommunikation zur Klimakrise
Nicht auf den ersten Blick ersichtliche **Bedrohlichkeit, Konkurrenz** zu anderen Krisen und **Langfristigkeit** – Wie Politiker*innen mit diesen zentralen Herausforderungen umgehen, wird deutlich, wenn Studienergebnisse zu aktuell beobachtbaren Tendenzen zusammengetragen werden. Aktuell zeichnet die politische Kommunikation zur Klimakrise sich aus durch:

- **Negativität:** Diese Tonalität äußert sich vor allem in einer Hervorhebung der negativen Aspekte im Kontext von Maßnahmen und Akteursbewertungen sowie der Gefahren des Klimawandels (vgl. Haßler, 2017, S. 119).
- **Aktualitätsbezug:** Klimabezogene politische Kommunikation findet vor allem dann statt, wenn es Aufhänger wie extreme Wetterereignisse, internationale Konferenzen oder Publikationen neuer wissenschaftlicher Erkenntnisse gibt (vgl. ebd., S. 115).
- **Komplexitätsreduktion:** Anpassungsmaßnahmen werden außen vor gelassen und bestimmte Abschwächungsmaßnahmen hervorgehoben. Im Fokus steht meist die Einsparung des Treibhausgases CO_2, wodurch eine starke Reduktion der Komplexität hergestellt wird.
- **Personalisierung:** Die Personalisierung findet unter anderem in der Form statt, dass die Thematik auf persönlich erfahrbare und steuerbare Aspekte reduziert wird, wenn beispielsweise der „ökologischen Fußabdruck" von Individuen in den Fokus der Debatte rückt (vgl. ebd., S. 118 f.).
- **Abstraktion:** „Um die Zustimmung zu erhöhen und Widerspruch zu vermeiden, kann sich die Politik auf vage Aussagen zurückziehen" (ebd., S. 121). Dies betrifft sowohl die klimapolitischen Vorhaben als auch deren Finanzierung.

Diese beobachtbaren Tendenzen in der politischen Kommunikation zur Klimakrise weisen gewisse Parallelen zu den im Journalismus gängigen Nachrichtenwerten auf (vgl. Galtung & Ruge, 1965). Eine Herausforderung scheint somit darin zu bestehen, sich von den **Medienlogiken** zu lösen, um dem gesellschaftlich relevanten Thema inhaltlich gerecht zu werden.

4.3 Erfolgsfaktoren aus der CSR-Kommunikation

Die klimabezogene politische Kommunikation ist genauso eine Form der Nachhaltigkeitskommunikation wie die aus dem Unternehmenskontext bekannte CSR-Kommunikation. Aus diesem Grund lohnt es sich, einen Blick auf die theoretische Auseinandersetzung mit diesem Kommunikationsfeld zu werfen, um daraus Erfolgsfaktoren für die politische Kommunikation abzuleiten.

► **Definition: CSR-Kommunikation** Bei der Corporate Social Responsibility (CSR) handelt es sich um einen strategischen Ansatz, der darauf abzielt, soziale, ökologische, ethische, Menschenrechts- und Verbraucherbelange in Zusammenarbeit mit den Stakeholder*innen in die Betriebsführung und die Kernstrategie von Unternehmen zu integrieren (vgl. Europäische Kommission, 2011, S. 7). Demnach bezeichnet der Begriff der CSR-Kommunikation die Gesamtheit der

Kommunikationsmaßnahmen, die sich inhaltlich damit auseinandersetzen, inwieweit das jeweilige Unternehmen seiner ökologischen, sozialen und ökonomischen Verantwortung gerecht wird (vgl. Heinrich, 2018a, S. 1).

Eine durchdachte CSR-Kommunikationsstrategie kann auf unternehmerischer Ebene zu einer Verbesserung des Images, einer stärkeren Positionierung im Wettbewerb und dem Aufbau starker Kundenbeziehungen beitragen (vgl. Heinrich, 2018b, S. 79). Politische Akteur*innen benötigen eine entsprechende Kommunikationsstrategie, um ihr verantwortliches Handeln in der Klimakrise zu verdeutlichen. Auch sie verfolgen das Ziel, ihr Image zu verbessern, sich als klimabewusst zu positionieren, sich von der Konkurrenz abzugrenzen und eine Vertrauensbeziehung zu Wähler*innen aufzubauen.

Ein Erfolgsfaktor besteht darin, die Rezipient*innen auf einer **emotionalen Ebene** zu erreichen. Hierfür kann auf eine Förderung der emotionalen Verbundenheit mit der Natur und Umwelt gesetzt oder verstärkt auf soziale und ökologische Ungerechtigkeiten aufmerksam gemacht werden. So kann die Nachhaltigkeitskommunikation sich nicht nur positiv auf das eigene Image auswirken, sondern auch die Relevanz der Klima-Thematik für die Rezipient*innen steigern. Dies kann in einer nachhaltigen Veränderung des Konsumverhaltens, aber auch des Wahlverhaltens resultieren. Diesbezüglich wird die „Gestaltung einer eher persönlich einladenden, ermutigenden sowie inspirierenden und weniger belehrenden, überzeugenden oder informierenden Kommunikation" empfohlen (Griese, 2015, S. 254 f.).

Weitere Erfolgsfaktoren der CSR-Kommunikation sind **Transparenz und Ehrlichkeit**. Bei Unternehmen sind mit Blick auf die Nachhaltigkeit in den letzten Jahren immer mehr Missstände – Umweltsünden, Betrug und schlechte Arbeitsbedingungen – ans Licht gekommen, wodurch Konsument*innen ein stärkeres Verlangen nach transparenten Hintergrundinformationen entwickelt haben. Genauso ist auch das Vertrauen der Wählerinnen in die Politik seit der letzten Wahl zurückgegangen (Vgl. Statista, 2021) Indem politische Akteur*innen nicht nur die klimapolitischen Ziele, sondern auch den Weg dahin sowie mögliche Herausforderungen und Risiken thematisieren, können sie verlorengegangenes Vertrauen zurückgewinnen.

„**Glaubwürdigkeit**" ist das Fundament für erfolgreiche CSR" (Heinrich, 2018a, S. 19). Deshalb ist es wichtig, dass die Kommunikationsstrategie fundiert, durchdacht, professionell gesteuert und langfristig angelegt ist. Widersprüche sollten vermieden werden und die im Rahmen der Nachhaltigkeitskommunikation getroffenen Aussagen auch mit dem tatsächlichen Handeln der Unternehmen beziehungsweise der Politiker*innen übereinstimmen. Wenn das nicht der Fall ist und es den Rezipient*innen auffällt, ist die klimabezogene Kommunikation nicht nur nicht erfolgreich, sondern sogar kontraproduktiv – dann kommt es nämlich zu Greenwashing-Vorwürfen, die dem Image schaden (vgl. ebd.).

Weitere Erfolgsfaktoren in der CSR Kommunikation sind unter anderem die **zielgruppengerechte Aufbereitung** der Inhalte, die **Aktualität** der Informationen und die **Dialogbereitschaft.** Zudem wird in der Literatur zur CSR-Kommunikation die **ganzheitliche Betrachtung** des Themas hervorgehoben, also das Einbeziehen der drei in Abb. 4.1 aufgezeigten Dimensionen von Nachhaltigkeit (vgl. Heinrich, 2018b, S. 80).

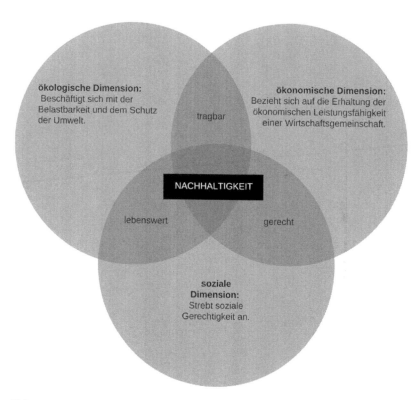

Abb. 4.1 Nachhaltigkeitsdimensionen. (Quelle: in Anlehnung an Jonker et al., 2011)

Politische Kommunikation im Rahmen der Bundestagswahl 2021

5

> Nachdem in den vorigen Kapiteln ein theoretisches Verständnis für die Besonderheiten klimabezogener politischer Kommunikation auf Social Media geschaffen wurde, erfolgt an dieser Stelle die Beschreibung des Status Quo anhand eines Fallbeispiels – der Social-Media-Kommunikation der Spitzenkandidat*innen rund um die Bundestagswahl 2021, die von diversen Akteur*innen als „Klimawahl" bezeichnet wurde. Die Abb. 5.1 gibt Auskunft über die methodische Vorgehensweise.

5.1 Inhaltliche Schwerpunkte der Social-Media-Kommunikation

Die Wortwolke in Abb. 5.2 visualisiert die Häufigkeit der Begriffe, die in den untersuchten Social-Media-Beiträgen verwendet wurden und verdeutlicht die Relevanz der Klimakrise als Gegenstand politischer Kommunikation. Insgesamt – werden alle Twitter- und Instagram-Posts der sechs Politiker*innen über den gesamten Untersuchungszeitraum zusammengefasst – ist „Klimaschutz" der **am viert-häufigsten genannte Begriff**. Er kommt in den untersuchten Social-Media-Posts 149 Mal vor. Häufiger treten lediglich „Menschen", „Deutschland" und „Politik" auf – was keine konkreten Themen sind, sondern eher übergeordnete Aspekte, die in verschiedenen Themenbereichen aufgegriffen werden können, was ihr häufiges Vorkommen erklärt.

Eine über die reine Zählung hinausgehende kognitive Auseinandersetzung mit den Inhalten erlaubt es, Themen auch dann zu identifizieren, wenn bestimmte Stichwörter nicht explizit genannt werden. Daraus geht hervor, dass das Klima

© Der/die Autor(en), exklusiv lizenziert an Springer Fachmedien Wiesbaden GmbH, ein Teil von Springer Nature 2023
R. Winter, *Politische Kommunikation zur Klimakrise*, essentials,
https://doi.org/10.1007/978-3-658-40937-1_5

METHODISCHE VORGEHENSWEISE

Forschungsfrage: Was sind zentrale Merkmale der Social-Media-Kommunikation über die Klimakrise durch Spitzenkandidat*innen?

Grundgesamtheit: die Social-Media-Kommunikation von politischen Spitzenkandidat*innen auf Bundesebene

Analyseeinheit: die einzelnen Social-Media-Posts inklusive der Interaktionen darunter

Nicht-zufällige Stichprobenziehung:

- textbasierte Instagram- und Twitter-Beiträge
- von Janine Wissler, Annalena Baerbock, Olaf Scholz, Christian Lindner, Armin Laschet und Alice Weidel,
- die zwischen dem 18.06.2021 und dem 04.01.2022 veröffentlicht wurden
- inklusive oberflächlicher Analyse der Kommentare (Stand: 05.03.2022)

734 Instagram-Beiträge und 1103 Tweets

Weitergehend analysiert:

171 Instagram-Beiträge und 144 Tweets, in denen das Klima als Haupt- oder Nebenthema auftritt

Methode: überwiegend qualitative Inhaltsanalyse nach Philipp Mayring (2015)

Kodierleitfaden:
Kategorien teilweise aus der Theorie abgeleitet, induktiv im Laufe der Erhebung weiterentwickelt

Untersuchungsschwerpunkte:
- Thema und Anlass
- Politikverständnis
- Akteur*innen und Intention
- kommunikative Herangehensweise
- klimapolitische Inhalte
- Interaktion und Diskurs

Abb. 5.1 methodische Vorgehensweise

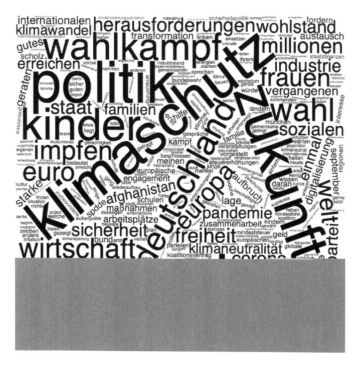

Abb. 5.2 Wortwolke – Begriffe aus Social-Media-Beiträgen

am dritt-häufigsten das zentrale Thema der Tweets und Instagram-Posts darstellt, wie die Abb. 5.3 zeigt. Neben den 8,58 % der Posts, in denen das Klima das Hauptthema darstellt, konnte es in weiteren 7,19 % der Beiträge als Nebenthema identifiziert werden. Die Klimakrise bildet demnach kanal- und parteiübergreifend einen Schwerpunkt der Social-Media-Kommunikation rund um die Bundestagswahl 2021.

Die inhaltliche Analyse der 315 Beiträge, in denen das Klima als Haupt- oder Nebenthema identifiziert wurde, zeigt, dass die Klimakommunikation zum Großteil **keinen konkreten inhaltlichen Schwerpunkt** hat, sondern allgemein gehalten ist – in den meisten Fällen schreiben Politiker*innen grundsätzlich von Klimaschutz, Klimaneutralität und Klimazielen, ohne auf einzelne Sektoren oder Maßnahmen einzugehen.

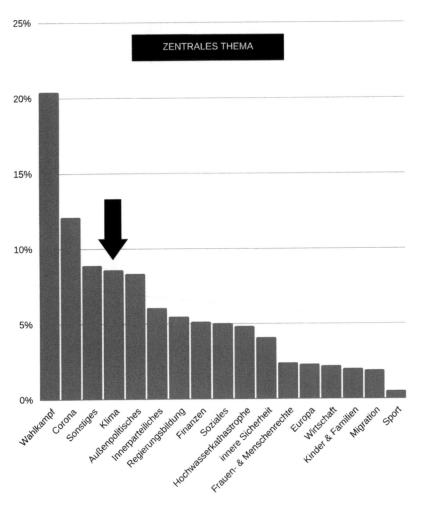

Abb. 5.3 Zentrale Themen der Social-Media-Kommunikation (n = 2016)

In den Beiträgen, in denen konkrete Bereiche thematisiert werden, stehen die **Industrie** und der damit verbundene **Energiesektor** bei allen Spitzenkandidat*innen auf beiden Kanälen im Fokus. Die Abb. 5.4 zeigt, dass andere Bereiche wie die Land- und Abfallwirtschaft und der Gebäudesektor deutlich in den Hintergrund rücken.

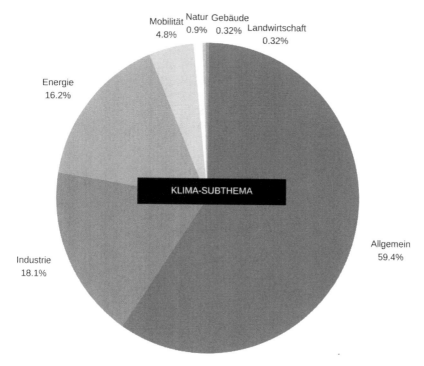

Abb. 5.4 Klima-Subthema (n = 315)

Die Auswertung der Maßnahmen fällt ähnlich abwechslungsarm aus: In den Beiträgen, in denen welche genannt werden, sind es immer wiederkehrend der Umbau der Industrie, der Ausbau erneuerbarer Energien, der Kohleausstieg und die klimaneutrale Gestaltung des Individualverkehrs. Darüber hinaus werden wenig klimapolitische Vorschläge gemacht. Demnach geht es in der Social-Media-Kommunikation aller Spitzenkandidat*innen fast ausschließlich um **Abschwächungsmaßnahmen.** Anpassungsmaßnahmen werden nur in geringem Ausmaß erwähnt.

Zudem fällt auf, dass die Politiker*innen in ihrer Klimakommunikation nicht auf das erforderliche ökologische Verhalten einzelner Bürger*innen eingehen, sondern ausschließlich die **politische Dimension** thematisieren.

Neben den genannten allgemein beobachtbaren Tendenzen, setzt jede*r Spitzenkandidat*in darüber hinaus nochmal **individuelle thematische Schwerpunkte** in der klimabezogenen Social-Media-Kommunikation, wie die Abb. 5.5 zeigt. Genauso weisen auch die vorgeschlagenen **Maßnahmen Unterschiede** auf – in erster Linie nicht in Bezug auf das Was, sondern auf das Wie – also mit welchen Mitteln Veränderungen initiiert werden sollen. Dies entspricht den von den Parteien in ihren **Wahlprogrammen** beschriebenen Positionen.

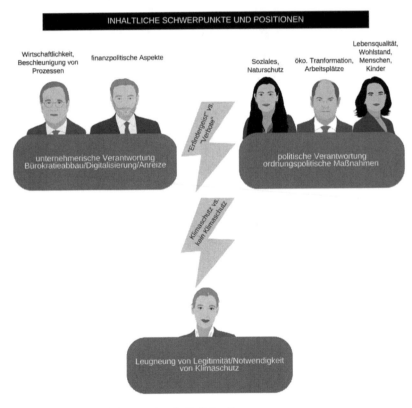

Abb. 5.5   inhaltliche Schwerpunkte der Politiker*innen

5.2 Kommunikative Herangehensweise der Spitzenkandidat*innen

Die analysierten Social-Media-Aufritte haben die Gemeinsamkeit, dass die Policy-Dimension bei der klimapolitischen Kommunikation im Vordergrund steht. Es geht somit in erster Linie um **aufgabenorientierte Inhalte** von Politik und die institutionelle Form sowie prozessuale Verläufe werden in dem Kontext seltener thematisiert. Dies lässt darauf schließen, dass sich die Politiker*innen in ihrer Social-Media-Kommunikation auf kurzfristige Handlungsmöglichkeiten fokussieren, anstatt möglicherweise nötige strukturelle Anpassungen der Politik an die Anforderung der Klimakrise zu thematisieren. Dies deutet auf eine Form der **Komplexitätsreduktion** hin – ein Phänomen, das über die gesamte Analyse hinweg wiederholt aufgetreten ist.

Die Art und Weise, wie klimapolitische Maßnahmen thematisiert werden, zeichnet sich nämlich bei allen Spitzenkandidat*innen durch ein hohes Maß an **Oberflächlichkeit** aus. Im Großteil der Beiträge, in denen sie klimapolitische Vorhaben erwähnen, werden diese nicht konkretisiert. Diese **Abstraktion** wird dadurch verstärkt, dass Begriffe wie „Klimaneutralität" oder „1,5-Grad-Ziel" wiederkehrend verwendet, aber nicht erläutert werden.

Die Beiträge der Politiker*innen, die sich den finanziellen und sozialen Aspekten der ökologischen Transformation widmen, wurden anhand des Kodierleitfadens in der Analyse nicht nur als abstrakt, sondern auch als **einseitig** eingeordnet. Es wird sich fast ausschließlich mit den Kosten und den sozialen Ungleichheiten, die durch Klimaschutzmaßnahmen entstehen, beschäftigt – nicht mit jenen, die durch die Klimakrise entstehen, wenn diese nicht aufgehalten wird.

Insgesamt zeichnet sich die Klimakommunikation in sozialen Medien im Untersuchungszeitraum durch ein **geringes Maß an Transparenz** aus. Es wird selten ehrlich über eigene Fehler in der Vergangenheit, mögliche negative Auswirkungen klimapolitischer Maßnahmen oder Veränderungen, die die Bürger*innen direkt betreffen, kommuniziert. Dadurch, dass es sich bei den untersuchten Kanälen um Earned Media handelt, verfügen die Politiker*innen über die vollständige Kontrolle – sie können Aussagen treffen, ohne dass diese von unabhängigen Akteur*innen eingeordnet werden. An diesem Punkt zeigt sich die in sozialen Online-Netzwerken **fehlende Kritik- und Kontrollfunktion** des Journalismus.

Diese Vermeidung der Thematisierung „unbequemer" Tatsachen ist ein Beispiel dafür, dass politische Kommunikation sich als Handlungssystem dadurch auszeichnet, dass sich an den Logiken relevanter Bezugsgruppen – in diesem Fall der Wähler*innen – orientiert wird. Weitere Merkmale, die das bestätigen, sind die Proaktivität der Kommunikation, die einen **strategischen Charakter** vermuten lässt, sowie die thematische Anknüpfung an aktuellen Ereignissen als Hinweis für eine Orientierung an der Logik der Medien.

Die Richtigkeit ist der Geltungsanspruch, mit dem sich in der klimabezogenen Social-Media-Kommunikation am meisten auseinandergesetzt wird. Es wird zum Großteil auf **normative Sprechakte** zurückgegriffen. Die untersuchte Klimakommunikation beinhaltet nur in wenigen Fällen eine neutrale Aufzählung von Fakten. Wissenschaftler*innen bzw. **wissenschaftliche Erkenntnisse finden kaum statt. Emotionen** kommt in der klimabezogenen Social-Media-Kommunikation der Spitzenkandidat*innen eine maßgebliche Rolle zu. Zur Generierung von Emotionen wird unter anderem auf das Appellieren an gemeinsame Werte, die Einbindung von Betroffenen und jüngeren Generationen sowie auf ein emotionalisierendes Wording gesetzt. **Framing** wurde in der klimabezogenen Social-Media-Kommunikation aller Spitzenkandidat*innen eingesetzt, um den aktuellen Zustand zu beschreiben, Verantwortung zuzuschreiben, zu verdeutlichen, was nun erforderlich ist und Veränderung sowie deren Dringlichkeit zu unterstreichen.

Auch mit Blick auf die kommunikative Herangehensweise wurden neben den genannten allgemein hervorstechenden Merkmalen Spezifika der einzelnen Politiker*innen identifiziert. Die klimabezogene Social-Media-Kommunikation von Christian Lindner und Annalena Baerbock zeichnet sich durch eine besonders **persönliche Ansprache** aus. Mit Blick auf die **Selbstdarstellung** sticht Armin Laschet heraus: Er geht in der klimabezogenen Kommunikation häufig auf sein bisheriges Engagement ein – interessant ist diesbezüglich, dass sein bisheriges Engagement genau das ist, was in den Kommentaren am häufigsten kritisiert oder infrage gestellt wird. Annalena Baerbocks Kommunikation zeichnet sich hingegen dadurch aus, dass sie sich als Person einbringt, indem sie ihre eigenen Emotionen anspricht. Insgesamt gibt es bei ihr einen überdurchschnittlich hohen Anteil an Beiträgen, die die Rezipient*innen auf einer emotionalen Ebene erreichen sollen. Sie ist darüber hinaus die Einzige, die das Narrativ vom **Klimaschutz als Chance** nutzt. Mit ihrer kommunikativen Herangehensweise hebt sie sich von Ihrer politischen Konkurrenz ab und erfüllt damit das Social-Media-Erfolgskriterium der **Individualität.**

Ebenso wurden beim Framing Unterschiede beobachtet. Wie die Abb. 5.6 zeigt, nutzt jede*r Spitzenkandidat*in ein eigenes Wording, um bestimmte Deutungsrahmen hervorzurufen. Im Zuge der Inhaltsanalyse wurde darüber hinaus deutlich, dass die klimabezogene Kommunikation der Spitzenkandidat*innen durch **Narrative scheinbarer Gegensätze** geprägt ist – Klimaschutz vs. Freiheit,

Verbote vs. Erfindergeist und Nachhaltigkeit vs. Wohlstand. Besonders prägnante Aussagen werden in Abb. 5.7 beispielhaft dargestellt. Die Politiker*innen
des linken politischen Spektrums – Annalena Baerbock, Janine Wissler und
Olaf Scholz – versuchen die Gegensätze aufzubrechen, während Armin Laschet,
Christian Lindner und Alice Weidel die Narrative der Gegensätze befeuern.

5.3   Wahlkampfspezifische Momente in der Klimakommunikation

Da die untersuchten Kommunikationsinhalte der Spitzenkandidat*innen in einem
Zeitraum von 100 Tagen vor bis 100 Tagen nach der Bundestagswahl 2021
veröffentlicht wurden, lassen sich darin auch wahlkampfspezifische Momente
identifizieren. Diese bestehen zum einen darin, dass die Themen Klima und Wahlkampf miteinander verknüpft oder zumindest umgehend hintereinander erwähnt
werden. Dies findet in 27,3 % der klimabezogenen Beiträge statt. Ausprägungen dieser **Wahlkampfthematisierungen** sind beispielsweise die Einbindung
von Auftritten in wahlbezogenen TV-Shows und auf der eigenen Wahlkampftour
sowie die Vorstellung der Plakatkampagne in die Social-Media-Beiträge.

Wahlkampfspezifische Momente manifestieren sich zum anderen in der in den
klimabezogenen Beiträgen verwendeten Sprache. Die Abb. 5.8 zeigt, dass **wahlkampfspezifische Frames** von Baerbock, Scholz, Wissler und Weidel verwendet
werden. Von der AfD-Spitzenkandidatin aber mit Abstand am häufigsten. Mit
ihren als populistisch einzuordnenden Neologismen versucht sie bei den Rezipient*innen ihrer Kommunikation den Eindruck zu erwecken, dass die Klimapolitik
der anderen Parteien nicht rational begründet sowie mit nicht bedachten erheblichen Risiken, wie Energieengpässen, verbunden ist und auf eine Manipulation
der Bevölkerung abzielt.

Die wahlkampfspezifischen Frames von Alice Weidel fallen eindeutig in
die Kategorie des **Negative Campaigning.** Dieser Begriff beschreibt die negative Darstellung der politischen Konkurrenz, mit dem Ziel sich im Wahlkampf
einen Vorteil zu verschaffen (vgl. Donges & Jarren, 2017, S. 181). Hierbei
handelt es sich um ein wahlkampfspezifisches Moment, das auch in der Social-
Media-Kommunikation der anderen Politiker*innen identifiziert werden konnte.
Annalena Baerbock, Olaf Scholz und Janine Wissler merken wiederholt an, dass
die klimapolitischen Vorhaben ihrer Konkurrenz nicht wirksam beziehungsweise
nicht wirksam genug sind, während Christian Lindner, Armin Laschet und Alice
Weidel genau das Gegenteil tun. Sie werfen ihrer Konkurrenz vor, die Kosten,

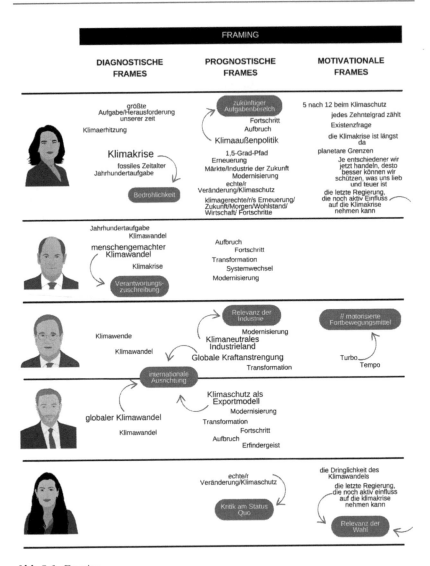

Abb. 5.6 Framing

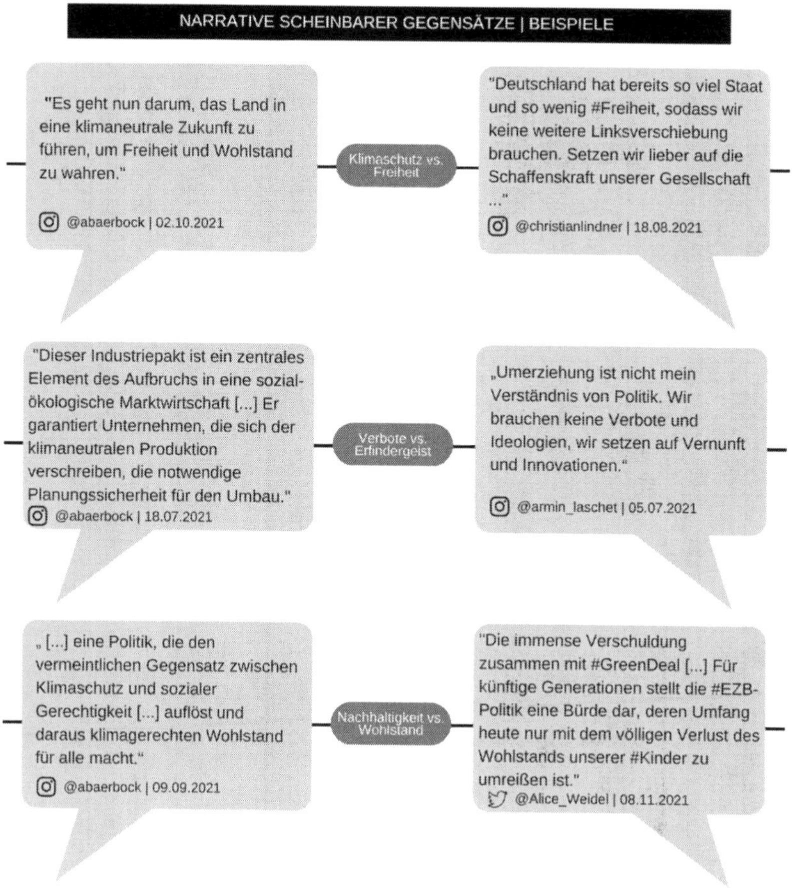

NARRATIVE SCHEINBARER GEGENSÄTZE | BEISPIELE

"Es geht nun darum, das Land in eine klimaneutrale Zukunft zu führen, um Freiheit und Wohlstand zu wahren."

@abaerbock | 02.10.2021

Klimaschutz vs. Freiheit

"Deutschland hat bereits so viel Staat und so wenig #Freiheit, sodass wir keine weitere Linksverschiebung brauchen. Setzen wir lieber auf die Schaffenskraft unserer Gesellschaft ..."

@christianlindner | 18.08.2021

"Dieser Industriepakt ist ein zentrales Element des Aufbruchs in eine sozial-ökologische Marktwirtschaft [...] Er garantiert Unternehmen, die sich der klimaneutralen Produktion verschreiben, die notwendige Planungssicherheit für den Umbau."

@abaerbock | 18.07.2021

Verbote vs. Erfindergeist

„Umerziehung ist nicht mein Verständnis von Politik. Wir brauchen keine Verbote und Ideologien, wir setzen auf Vernunft und Innovationen."

@armin_laschet | 05.07.2021

„[...] eine Politik, die den vermeintlichen Gegensatz zwischen Klimaschutz und sozialer Gerechtigkeit [...] auflöst und daraus klimagerechten Wohlstand für alle macht."

@abaerbock | 09.09.2021

Nachhaltigkeit vs. Wohlstand

"Die immense Verschuldung zusammen mit #GreenDeal [...] Für künftige Generationen stellt die #EZB-Politik eine Bürde dar, deren Umfang heute nur mit dem völligen Verlust des Wohlstands unserer #Kinder zu umreißen ist."

@Alice_Weidel | 08.11.2021

Abb. 5.7 Narrative scheinbarer Gegensätze – Beispiele. (Quellen: Baerbock, 2021a; Lindner, 2021; Baerbock, 2021b; Laschet, 2021; Baerbock, 2021c; Weidel, 2021)

die durch ihre klimapolitischen Vorhaben entstehen, nicht im Blick zu haben – seien es finanzielle, ökonomische oder soziale. Christian Lindner zeichnet sich dadurch aus, dass er am häufigsten auf Negative Campaigning zurückgreift und die in Abschn. 5.2 vorgestellten Narrative scheinbarer Gegensätze am meisten befeuert.

Abb. 5.8 wahlkampfspezifische Frames

Der Einfluss der Bundestagswahl auf die Klimakommunikation zeigt sich somit in erster Linie in Form von Einbindungen von Wahlkampfereignissen, wahlkampfspezifischen Frames und Negative Campaigning. In der Analyse konnten wiederum keine grundlegenden inhaltlichen Unterschiede zwischen den klimapolitischen Aussagen vor und jenen nach der Wahl identifiziert werden. Das lässt sich mit dem hohen Maß an Professionalisierung der politischen PR begründen. Durch die strategische Fundierung konnte auf **Widerspruchsfreiheit** geachtet werden. Darüber hinaus trägt auch das hohe Abstraktionsniveau der Klimakommunikation zur Verhinderung von Diskrepanzen zwischen den Aussagen vor und denen nach der Wahl bei – je konkreter die Versprechen, desto größer die Wahrscheinlichkeit, dass diese vor der Wahl durch den antizipierten Wählerwillen und nach der Wahl durch die Möglichkeiten der realistischen Umsetzung geprägt sind. Ein weiterer Erklärungsansatz für die Einheitlichkeit der Aussagen in den 100 Tagen vor und den 100 Tagen nach der Wahl findet sich in dem von Filzmaier und Plasser (2001) beschriebenen Zustand des **Permanent Campaigning.** Dieser führt dazu, dass die erkennbaren Unterschiede zwischen Wahlkampf- und Routinekommunikation grundsätzlich abnehmen.

5.4 Qualitative Einschätzung des Diskurses

Methodische Anmerkung

Die Nutzerkommentare stellen lediglich einen Nebenaspekt der Analyse dar. Sie wurden aufgrund mangelnder zeitlicher und personeller Ressourcen nur oberflächlich analysiert. Die Ergebnisse sollten somit in dem Bewusstsein einer möglicherweise eingeschränkten Reliabilität betrachtet werden. Sie erlauben jedoch eine grobe Einschätzung der Qualität des Diskurses und dienen in erster Linie als Anregung für weitergehende diskursanalytische Untersuchungen zu klimapolitischen Themen in sozialen Online-Netzwerken.

Eine Gemeinsamkeit der Spitzenkandidat*innen besteht darin, dass sie die Funktionsweise der sozialen Online-Netzwerke ignorieren: Es werden kaum memetische Trigger erzeugt, Aufrufe zur Interaktion finden nicht statt und auf die Fragen und Argumente der Bürger*innen wird nicht eingegangen. Doch nicht nur die Politiker*innen, sondern auch die mit ihnen interagierenden Rezipient*innen erschweren die Bedingungen für das Zustandekommen eines konstruktiven Diskurses rund um die Klimakrise. Das geht aus der qualitativen Einschätzung der Kommentare hervor – auch hier haben sich kanalübergreifende Merkmale ergeben: Die Reaktionen unter den klimabezogenen Social-Media-Posts der Spitzenkandidat*innen zeichnen sich dadurch aus, dass die Nutzer*innen sich in den Kommentaren nicht unbedingt auf das beziehen, womit sich der Beitrag beschäftigt. Die **inhaltliche Auseinandersetzung mit der Thematik** steht nicht immer im Vordergrund – zum Teil findet sie gar nicht statt. Nutzer*innen bedienen sich der Kommentarspalten, um jegliche Anliegen an die Politiker*innen oder die Öffentlichkeit heranzutragen. Dabei geht es häufig nicht um Inhalte, sondern um Personen. Zum anderen wurde deutlich, dass die Kommentator*innen ihre Argumente nicht auf **Quellen** fundieren bzw. diese nicht nennen, worunter die Qualität des Austauschs leidet. Darüber hinaus ist der **Hintergrundkonsens** – so scheint es zumindest aus externer Perspektive – nicht gegeben. Es entsteht der Eindruck, als wäre das Ziel nicht die Verständigung, sondern die Verlautbarung der eigenen Position. Der Mensch als „zoon politicon" nutzt soziale Online-Netzwerke in diesem Fall zur Generierung von Aufmerksamkeit und Anerkennung. Die politische Öffentlichkeit, die hier beobachtet werden konnte, zeichnet sich dadurch aus, dass zwar Meinungskundgaben, aber kein demokratiefördernder Meinungsaustausch stattfindet. Es kann hier nicht von einem wirklichen Diskurs gesprochen werden – zumindest wird dieser Habermas' Ansprüchen an einen solchen nicht gerecht.

Handlungsempfehlungen

6

▶ Das Abschlusskapitel dieses Buches dient dazu, aus den geschilderten theoretischen Ansätzen und empirischen Erkenntnissen Handlungsempfehlungen für die Praxis abzuleiten. Demnach sollten Kommunikator*innen …

1. (Selbst-)reflektiert an das Thema herangehen

Welches Politikverständnis habe ich? Welche normativen Anforderungen stelle ich an meine Kommunikation? Wo liegen die Grenzen von Social Media als Raum für demokratische Diskurse? Mit diesen Fragen sollten sich Kommunikator*innen auseinandersetzen – den Blick auf das große Ganze richten, bevor sie sich der Konzeption ihrer Kampagnen widmen. In Kap. 2 wurde hierzu angeregt, indem auf drei Ebenen ein Grundverständnis für die Strukturen politischer Kommunikation geschaffen wurde.

2. Bewusstsein für die Funktionsweise von Social Media entwickeln

In dem theoretischen Teil des Buches wurde deutlich, dass soziale Online-Netzwerke die journalistischen Massenmedien auf einer strukturellen Ebene nicht ersetzen, sondern sie sinnvoll ergänzen können. Dieses Bewusstsein sollte auch bei den politischen Akteur*innen, die die digitalen Kanäle für ihre Klimakommunikation nutzen, vorhanden sein. Und es sollte sich unter anderem darin manifestieren, dass die Inhalte, die in Social Media veröffentlicht werden, individuell für diesen Kanal entwickelt und an seine Funktionsweise angepasst sind. Dies betrifft zum einen die Form und Aufbereitung und zum anderen das Interaktionsmoment. Wird Social Media verstanden als One-Way-Kanal, auf dem Aussagen veröffentlicht werden, die klingen als wären sie der letzten Pressemitteilung entnommen, bleibt der Erfolg mit hoher Wahrscheinlichkeit aus. In der praktischen Umsetzung bedeutet das auch, dass es sich lohnt, zeitliche

R. Winter, *Politische Kommunikation zur Klimakrise*, essentials, https://doi.org/10.1007/978-3-658-40937-1_6

und personelle Ressourcen in die Social-Media-Kommunikation zu investieren und Expert*innen aus dem entsprechenden Bereich damit zu beauftragen. Social Media sollte nicht „mal eben nebenbei" gemacht werden.

3. verständigungsorientiert kommunizieren

In Kap. 3 wurde aufgezeigt, dass politische Kommunikation unterschiedliche Ziele verfolgen kann. Ist der Gegenstand der politischen Kommunikation jedoch die Klimakrise, sollte der von Bentele hervorgehobenen gesamtgesellschaftlichen Funktion nachgegangen und die Verständigung in den Vordergrund gestellt werden. Dann sollte es nicht um Einzelinteressen, sondern um Gemeinwohl gehen und demnach nicht strategisch, sondern verständigungsorientiert gehandelt werden. Das bedeutet nach Habermas, einen offenen Diskurs zu ermöglichen und die Geltungsansprüche zu berücksichtigen.

4. die Klimakrise ganzheitlich betrachten

Um die Qualität des Diskurses zu gewährleisten, sollten Kommunikator*innen ein fundiertes Wissen über die Klimakrise mitbringen. In Kap. 4 wurde die ganzheitliche Betrachtung der Thematik als einer der wichtigsten Erfolgsfaktoren hervorgehoben, doch in Kap. 5 zeigte sich die Einseitigkeit der klimabezogenen Social-Media-Posts der Spitzenkandidat*innen in der Praxis. Klimakommunikation sollte nicht nur kurz-, sondern auch mittel- und langfristig gedacht werden. Sie sollte alle Sektoren einschließen, finanzielle, soziale und internationale Aspekte ideologiefrei betrachten und auch Anpassungsmaßnahmen thematisieren. Anpassungskommunikation wird aktuell vernachlässigt, wobei sie den positiven Nebeneffekt haben könnte, das öffentliche Bewusstsein dafür zu schärfen, dass die Klimakrise nicht in der Zukunft liegt und auch nicht mehr in Gänze aufzuhalten ist.

5. wissenschaftliche Erkenntnisse einbinden und erläutern

Geht es um die Aufklärung der Bevölkerung zur Klimakrise – und auch das ist Aufgabe politischer Kommunikation – so ist es wichtig, der Öffentlichkeit wissenschaftliche Erkenntnisse zugänglich zu machen. Hierfür ist eine konstruktive Form der Komplexitätsreduktion notwendig – also eine, die Wissenschaft verständlich macht, ohne strategisch motiviert bestimmte Aspekte außenvorzulassen. Hier spielen auch die Themen Datenvisualisierung und Datenstorytelling eine entscheidende Rolle. Im Zuge der Corona-Pandemie wurde schnell für ein grundlegendes Verständnis von Virologie in der Bevölkerung gesorgt – Gleiches sollte auch mit Blick auf klimatologische Themen möglich sein.

6. auf weiterführende Informationen verweisen

Um die Frage aus der Einleitung zu beantworten: Die Klimakrise ist sicherlich nicht das „most instagramable" Thema. An vielen Stellen erlauben die schnelllebigen, von „snackable Content" geprägten Kanäle nicht die notwendige Tiefe. Absolute Vollständigkeit sollte in Social Media demnach nicht der Anspruch sein. Die begrenzten Aufmerksamkeits- und Verarbeitungskapazitäten sollten berücksichtigt, zentrale Inhalte übersichtlich aufbereitet und ein Austausch ermöglicht werden. Interessierte sollten dann auf weiterführende Informationen, z. B. auf einer Website oder in einer PDF-Datei hingewiesen werde. Klimakommunikation sollte somit crossmedial gedacht werden.

7. Narrative bewusst wählen

Politische Kommunikation lebt von Narrativen. Im Rahmen der Analyse der Kommunikation der Spitzenkandidat*innen konnte eine Vielzahl davon identifiziert werden. Wichtig ist, dass Kommunikator*innen sich bewusst machen, welche Wirkung die eigene Erzählung in der Öffentlichkeit hervorruft und inwiefern sie förderlich für die Bekämpfung der Klimakrise ist. Der Frame vom „Klimaschutz als Chance" hat beispielsweise die positive Eigenschaft, dass er die Menschen zum Umdenken bewegen möchte, ohne auf Ängste abzuzielen. Inwiefern wird unser Leben besser, wenn wir jetzt aktiv Klimaschutz betreiben? Diese Frage könnte im Bewusstsein dafür, dass wir Menschen ohne böse Absicht tendenziell egoistisch denken, im Vordergrund stehen.

8. Haltung zeigen

Absolute Widerspruchsfreiheit ist bei ständig sich verändernden Rahmenbedingungen und hinzukommenden Erkenntnissen kein Qualitätskriterium. Man darf seine Meinung ändern. Man darf Unsicherheit kommunizieren. Was man vermeiden sollte, ist strategische Ambiguität – es sollte sich nicht absichtlich nicht festgelegt werden, um Kritik zu vermeiden. So wurden die klimabezogenen Social-Media-Beiträge der Spitzenkandidat*innen in Kap. 5 als zu unkonkret eingeordnet. Eindeutigkeit macht angreifbar, aber diese Haltung ist wichtig, um Handlungsbedarf zu signalisieren und Veränderung voranzutreiben.

Das Erkenntnisinteresse der Autorin war von demokratischen, deliberativen und ökologischen Werten geprägt. Diese wurden nicht infrage gestellt, sondern dienten als Grundlage für die theoretische und empirische Analyse. Demnach sind auch die Handlungsempfehlungen von diesem normativen Ansatz geprägt. Sie dürfen und sollen hinterfragt und an die eigenen Werte und das persönliche Selbstverständnis als Kommunikator*in adaptiert werden.

Was Sie aus diesem *essential* mitnehmen können

- Politische Kommunikation kann unterschiedliche Ziele verfolgen. Im Kontext der Klimakrise sollte der eigene politische Erfolg aus Sicht der Autorin dem Gemeinwohl untergeordnet werden.
- Social Media hat für politische Akteur*innen auf der Mikroebene viele Vorteile. Auf der Makroebene besteht jedoch ein gesamtgesellschaftliches Interesse daran, dass diese Plattformen journalistische Medien nicht ersetzen.
- Die Klimakrise stellt aufgrund ihrer Komplexität und ihrer gesellschaftlichen Relevanz hohe Anforderungen an Kommunikator*innen. Politische Kommunikation zur Klimakrise sollte ganzheitlich, wissenschaftlich fundiert und verständigungsorientiert sein.

© Der/die Herausgeber bzw. der/die Autor(en), exklusiv lizenziert an Springer 47
Fachmedien Wiesbaden GmbH, ein Teil von Springer Nature 2023
R. Winter, *Politische Kommunikation zur Klimakrise*, essentials,
https://doi.org/10.1007/978-3-658-40937-1

Literatur

AfD. (2021). Deutschland. Aber normal. Programm der Alternative für Deutschland für die Wahl zum 20. Deutschen Bundestag. https://www.afd.de/wp-content/uploads/sites/111/2021/06/20210611_AfD_Programm_2021.pdf. Zugegriffen: 13. Febr. 2022.

Alemann, U. (1999). Das Politische an der Politik – Oder: Wider das Verschwinden des Politischen. In K. Hinrichs, H. Kitschelt, & H. Wiesenthal (Hrsg.), *Kontingenz und Krise. Institutionenpolitik in kapitalistischen und postsozialistischen Gesellschaften. Claus Offe zu seinem 60. Geburtstag* (S. 103–115). Campus.

Altschull, H. J. (1990). *Agenten der Macht. Die Welt der Nachrichtenmedien – eine kritische Studie*. Universitätsverlag Konstanz.

Bätge, F., Effing, K., Möltgen-Sicking, K., & Winter, T. (2021). *Politische Partizipation*. Springer Gabler.

Baerbock, A. (2021a). „Klimaneutralität ist die entscheidende Größe…" In *Instagram.com*, 18.06.2021. https://www.instagram.com/p/CQREvAZigQQ/. Zugegriffen: 5. Mai 2022.

Baerbock, A. (2021b). „Jetzt ist die Zeit für einen echten Aufbruch…" In *Instagram.com*, 02.10.2021. https://www.instagram.com/p/CUh4sbCtbNQ/. Zugegriffen: 5. Mai 2022.

Baerbock, A. (2021c). „Better together…" In *Instagram.com*, 09.09.2021. https://www.instagram.com/p/CTmAOFKs1bU/. Zugegriffen: 5. Mai 2022.

Bentele, G. (1998). Politische Öffentlichkeitsarbeit. In U. Sarcinelli (Hrsg.), *Politikvermittlung und Demokratie in der Mediengesellschaft. Beiträge zur Kommunikationskultur* (S. 124–145). Springer Gabler.

Bündnis 90/die Grünen. (2021). Deutschland. Alles ist drin. Bundestagswahlprogramm 2021. https://cms.gruene.de/uploads/documents/Wahlprogramm-DIE-GRUENEN-Bundestagswahl-2021_barrierefrei.pdf. Zugegriffen: 13. Febr. 2022.

Burmann, C., Hemmann, F., Eilers, D., & Kleine-Kalmer, B. (2012). Authentizität in der Interaktion als zentraler Erfolgsfaktor der Markenführung in Social Media. In M. Schulten, A. Mertens, & A. Horx (Hrsg.), *Social Branding. Strategien. Praxisbeispiele. Perspektiven*. Springer Gabler.

Blum, R. (2014). *Lautsprecher und Widersprecher. Ein Ansatz zum Vergleich der Mediensysteme*. Halem.

Böhret, C. (1985). *Zum Stand und zur Orientierung der Politikwissenschaft in der Bundesrepublik Deutschland*. Westdeutscher.

© Der/die Herausgeber bzw. der/die Autor(en), exklusiv lizenziert an Springer Fachmedien Wiesbaden GmbH, ein Teil von Springer Nature 2023
R. Winter, *Politische Kommunikation zur Klimakrise*, essentials, https://doi.org/10.1007/978-3-658-40937-1

Brands, B. J., Graham, T., & Broersma, M. (2018). Social Media Sourcing Practices: How Dutch Newspapers Use Tweets in Political News Coverage. In J. Schwanholz, T. Graham, & P.-T. Stoll (Hrsg.), *Managing democracy in the digital age*. Springer.

Brugger, N. (2012). *Facebook als digitale Litfaßsäule. Wie deutsche Jugendradios Facebook nutzen und was sie dabei missachten*. Diplomica Verlag GmbH.

CDU/CSU. (2021). Das Programm für Stabilität und Erneuerung. Gemeinsam für ein modernes Deutschland. https://www.csu.de/common/download/Regierungsprogramm. pdf. Zugegriffen: 13. Febr. 2022.

DIE LINKE. (2021). Zeit zu handeln! Für soziale Sicherheit, Frieden und Klimagerechtigkeit. Wahlprogramm zur Bundestagswahl 2021. https://www.die-linke.de/fileadmin/download/wahlen2021/Wahlprogramm/DIE_LINKE_Wahlprogramm_zur_Bundestag swahl_2021.pdf. Zugegriffen: 13. Febr. 2022.

Dombrowski, U., & Reimer, A. (2018). Klimawandel. In U. Dombrowski & S. Marx (Hrsg.), *Klimalng – Planung klimagerechter Fabriken. Problembasiertes Lernen in den Ingenieurwissenschaften*. Springer Vieweg.

Donges, P., & Jarren, O. (2017). *Politische Kommunikation in der Mediengesellschaft. Eine Einführung* (4. Aufl.). Springer Gabler.

Europäische Kommission. (2011). *Eine neue EU-Strategie (2011–14) für die soziale Verantwor-tung der Unternehmen (CSR)*. https://eur-lex.europa.eu/legal-con-tent/DE/TXT/PDF/?uri=CELEX:52011DC0681&from=DE. Zugegriffen: 13. Febr. 2022.

FDP. (2021). Nie gab es mehr zu tun. Wahlprogramm der Freien Demokraten. https://www.fdp.de/sites/default/files/2021-06/FDP_Programm_Bundestagswahl2021_1.pdf. Zugegriffen: 13. Febr. 2022.

Friedrichsen, M. (2013). Neue politische Kommunikation durch Medienwandel. In M. Friedrichsen & R. A. Kohn (Hrsg.), *Digitale Politikvermittlung. Chancen und Risiken interaktiver Medien* (2. Aufl.). Springer Gabler.

Friemel, T. N., & Neuberger, C. (2021). Öffentlichkeit als dynamisches Netzwerk. In M. Eisenegger, M. A. Prinzing, P. Ettinger, & R. Blum (Hrsg.), *Digitaler Strukturwandel der Öffentlichkeit: Historische Verortung, Modelle und Konsequenzen* (S. 81–96). Springer Gabler.

Filipović, A. (2013). Die Enge der weiten Medienwelt. Bedrohen Algorithmen die Freiheit öffentlicher Kommunikation? *Communcatio Socialis, 46*(2), 192–208.

Filzmaier, P., & Plasser, F. (2001). *Wahlkampf um das Weiße Haus. Presidential Elections in den USA*. Springer VS.

Galtung, J., & Ruge, M. H. (1965). The structure of foreign news. *Journal of Peace Research, 2*(1), 64–91.

Gibson, R., Lusoli, W., & Römmele, A., & Ward, S. (2004). Introduction: Representative democracy and the internet. In R. Gibson, A. Römmele, & S. Ward (Hrsg.), *Electronic democracy. Mobilisation, organisation and participation via new ICTs.* (S. 1–16). Routledge.

Griese, K.-M. (2015). *Nachhaltigkeitsmarketing. Eine fallstudienbasierte Einführung*. Springer Gabler.

Gerhards, J. (1998): Öffentlichkeit. In O. Jarren, U. Sarcinelli, & U. Saxer (Hrsg.), *Politische Kommunikation in der demokratischen Gesellschaft. Ein Handbuch mit Lexikonteil* (S. 694–695). Westdeutscher.

Gerhards, J., & Neidhardt, F. (1990). *Strukturen und Funktionen moderner Öffentlichkeit. Fragestellung und Ansätze*. Wissenschaftszentrum Berlin für Sozialforschung.

Graber, D. A., & Smith, J. M. (2004). Political communication faces the 21st century. https://citeseerx.ist.psu.edu/viewdoc/download?doi=10.1.1.505.7251&rep=rep1&type= pdf. Zugegriffen: 11. Nov. 2021.

Heinrich, P. (2018a) *CSR und Kommunikation. Unternehmerische Verantwortung überzeugend vermitteln* (2. Aufl.). Springer.

Heinrich, P. (2018). *CSR und Fashion – Nachhaltiges Marketing in der Bekleidungs-undTextilbranche.* Springer.

Habermas, J. (1981). *Theorie des kommunikativen Handelns* (Bd. 1). Suhrkamp.

Habermas, J. (2004). *Wahrheit und Rechtfertigung.* Suhrkamp.

Habermas, J. (1992). *Faktizität und Geltung. Beiträge zur Diskurstheorie des Rechts und des demokratischen Rechtsstaats.* Suhrkamp.

Haller, A. (2021). *Social Media für Kommunalpolitiker.* Springer Gabler.

Hallin, D. C., & Mancini, P. (2004). *Comparing media systems. Three models of media and politics.* Cambridge University Press.

Haßler, J. (2017). *Mediatisierung der Klimapolitik. Eine vergleichende Input-Output-Analyse zur Übernahme der Medienlogik durch die Politik.* Springer Gabler.

Henn, P., Dohle, M., & Vowe, G. (2013). Politische Kommunikation: Kern und Rand des Begriffsverständnisses in der Fachgemeinschaft. *Publizistik, 58,* 367–387.

Jarren, O. (2019). Medien- und Öffentlichkeitswandel durch Social Media als gesellschaftliche Herausforderung wie als Forschungsfeld. In M. Eisenegger, L. Udris, & P. Ettinger (Hrsg), *Wandel der Öffentlichkeit und der Gesellschaft. Gedenktschrift für Kurt Imhof.* Springer Gabler.

Jonker, J., Stark W., & Tewes S. (2011). *Corporate Social Responsibility und nachhaltige Entwicklung. Einführung, Strategie und Glossar.* Springer.

Kaase, M. (1995). Partizipation. In D. Nohlen (Hrsg.), *Wörterbuch Staat und Politik* (S. 521–527). Bundeszentrale für politische Bildung.

Koschwitz, H. (1974). *Publizistik und politisches System.* Piper Sozialwissenschaft.

Kneuer, M. (2017). *Digitale Medien und Kommunikation in der Vergleichenden Politikwissenschaft.* Springer Gabler.

Kreutzer, R. T. (2021). *Social-Media-Marketing kompakt. Ausgestalten, Plattformen finden, messen, organisatorisch verankern* (2. Aufl.). Springer VS.

Laschet, A. (2021). „Umerziehung ist nicht mein Verständnis…" In: *Instagram.com,* 05.07.2021. https://www.instagram.com/p/CQ9Rsa1pIUW/. Zugegriffen: 5. Mai 2022.

Lindner, C. (2021b). „Bei meiner Wahlkampftour…" In: *Instagram.com,* 18.08.2021. https://www.instagram.com/p/CSuOzyaIL_B/. Zugegriffen: 5. Mai 2022.

Luhmann, N. (2000). *Die Politik der Gesellschaft.* Herausgegeben von André Kieserling. Suhrkamp.

Maletzke, G. (1963). *Psychologie der Massenkommunikation: Theorie und Systematik.* Hans-Bredow.

Maurer, M. (2017). *Agenda-Setting* (2. Aufl.). Nomos.

McNair, B. (2011). *An introduction to political communication.* Taylor & Francis.

McQuail, D. (1983). *Mass communication theory: An introduction.* SAGE.

Meadows, D., Meadows, D., Zahn, E., & Milling P. (1972). Die Grenzen des Wachstums. Bericht des Club of Rome zur Lage der Menschheit. https://www.1000dokumente.de/pdf/dok_0073_gwa_de.pdf. Zugegriffen: 24. Jan. 2022.

Pauli-Balleis, G. (1987). *Polit-PR: Strategische Öffentlichkeitsarbeit politischer Parteien: Zur PR-Praxis der CSU*. University of Virginia.

Parsons, T. (1958). Authority, Legitimation, and Political Action. In C. J. Friedrich (Hrsg.), *Authority*. Mass.

Pfetsch, B., Mayerhöffer, E., & Silke, A. (2007). *Politische Kommunikation*. UVK.

Prognos; Öko-Insitut e. V., Wuppertal Institut, Agora Energiewende, Agora Verkehrswende, Stiftung Klimaneutralität. (2020). Klimaneutrales Deutschland. In drei Schritten zu null Treibhausgasen bis 2050 über ein Zwischenziel von -65 Prozent im Jahr 2030 als Teil des EU-Green-Deals. Zusammenfassung. https://www.stiftung-klima.de/app/uploads/2020/10/KNDE_Zusammenfassung_DE_WEB.pdf. Zugegriffen: 12. Jan. 2022.

Rommerskirchen, J. (2016). *Soziologie & Kommunikation: Theorien und Paradigmen von der Antike bis zur Gegenwart*. Springer Gabler.

Sarcinelli, U. (2011). *Politische Kommunikation in Deutschland: Zur Politikvermittlung im demokratischen System* (3. Aufl.). VS Verlag.

Scheffler, H. (2014). Soziale Medien. Einführung in das Thema aus Sicht der Marktforschung. In C. König, M. Stahl, & E. Wiegand (Hrsg.), *Soziale Medien. Gegenstand und Instrument der Forschung*. Springer Gabler.

Siebert, F., Peterson, T., & Schramm, W. (1956). *Four theories of the press: The authoritarian, libertarian, social responsibility, and soviet communist concepts of what the press should be and do*. University of Illinois Press.

Siems, F. U., & Papen M.-C. (2018). *Kommunikation und Technik. Ausgewählte neue Ansätze im Rahmen einer interdisziplinären Begutachtung*. Springer VS.

Schulz, W. (2011). *Politische Kommunikation. Theoretische Ansätze und Ergebnisse empirischer Forschung* (3. Aufl.). Springer Gabler.

Solomon, S., Pachauri, R. K., Qin, D., & Manning, M. (2007). *Climate change 2007: The physical science basis; contribution of Working group I to the fourth assessment report of the intergovernmental panel on climate change*. UNEP.

SPD. (2021). Aus Respekt vor deiner Zukunft. Das Zukunftsprogramm der SPD. Wofür wir stehen. Was uns antreibt. Wonach wir streben. https://www.spd.de/fileadmin/Dokumente/Beschluesse/Programm/SPD-Zukunftsprogramm.pdf. Zugegriffen: 13. Febr. 2022.

Statista. (2021). Umfrage in Deutschland zum Vertrauen in politische Parteien. https://de.statista.com/statistik/daten/studie/153820/umfrage/allgemeines-vertrauen-in-die-parteien/. Zugegriffen: 13. Febr. 2022.

United Nations Framework Convention on Climate Change. (1992). Rahmenübereinkommen der Vereinten Nationen über Klimaänderungen. https://unfccc.int/resource/docs/convkp/convger.pdf. Zugegriffen: 24. Jan. 2022.

Von Rimscha, B., & Siegert, G. (2015). *Medienökonomie. Eine problemorientierte Einführung*. Springer Fachmedien.

Weidel, A. (2021): „Die immense Verschuldung…" In *Twitter.com*, 08.11.2021. https://twitter.com/Alice_Weidel/status/1457677821346828292. Zugegriffen: 5. Mai 2022.

Weischenberg, S. (1992). *Journalistik. Medienkommunikation: Theorie und Praxis. Band 1: Mediensysteme – Medienethik – Medieninstitutionen* (3. Aufl.). Springer Gabler.

Zweig, K. A., Deussen, O., & Krafft, T. D. (2017). Algorithmen und Meinungsbildung. *Informatik Spektrum, 40,* 318–326.

Printed in the United States
by Baker & Taylor Publisher Services